中国社会科学院习近平新时代中国特色社会主义思想研究中心重点项目
“中国化马克思主义党建理论最新成果研究”（项目批准号：2022XYZD12）

伟业保障简论

樊　欣◎著

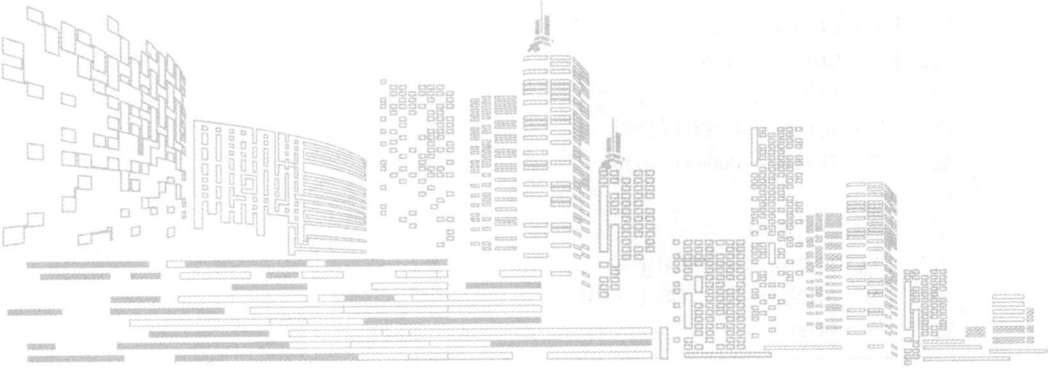

中国青年出版社

图书在版编目（CIP）数据

伟业保障简论 / 樊欣著 . —北京：中国青年出版社，2022.7
ISBN 978-7-5153-6729-3

Ⅰ. ①伟… Ⅱ. ①樊… Ⅲ. ①中国特色社会主义－社会主义建设模式－研究 Ⅳ. ① D616

中国版本图书馆 CIP 数据核字（2022）第 128909 号

责任编辑：彭岩
出版发行：中国青年出版社
社　　址：北京市东城区东四十二条 21 号
网　　址：www.cyp.com.cn
编辑中心：010－57350407
营销中心：010－57350370
经　　销：新华书店
印　　刷：北京科信印刷有限公司
规　　格：710mm × 1000mm　1/16
印　　张：15
字　　数：210 千字
版　　次：2022 年 8 月北京第 1 版
印　　次：2022 年 8 月北京第 1 次印刷
定　　价：58.00 元

序

第三个历史决议是中国化马克思主义党建理论最新成果的代表作

党的十九届六中全会通过的《中共中央关于党的百年奋斗重大成就和历史经验的决议》(简称《决议》)，是党史上的第三个历史决议。《决议》实际上主要是从党领导的社会革命和自我革命这两条主线来论述党的百年奋斗历史，用“十个坚持”来总结党百年奋斗的宝贵历史经验，其中至少有4个“坚持”是论述党把马列主义党建理论同中国国情党情相结合的重要成果，即中国化马克思主义党建理论及其最新成果。《决议》包含的思想含量、知识含量十分丰富，所体现的政治性、理论性、战略性、指导性都很强。《决议》有很多标志性、引领性的重大理论观点。本序言通过解析其中两个重大理论观点来说明第三个历史决议是中国化马克思主义党建理论最新成果的代表作。

一、坚持党的领导

坚持党的领导，这是《决议》总结和概括的党百年奋斗的重要历史经验，是习近平新时代中国特色社会主义思想中党建理论的具有标志性、引领性的重大理论观点，这是以习近平同志为主要代表的中国共产党人对马列主义党建理论作出的原创性贡献。

（一）马克思主义创始人关于党的领导的重要思想

本序言讲的马列主义党建理论是指马克思、恩格斯建党学说和列宁新型无产阶级政党理论的有机结合，是包括中国共产党在内的世界各国共产党的重要指导思想。

关于党的领导的重要思想在马克思、恩格斯时代主要体现为他们对无产阶级政党要成为独立的政党和必须坚持共产党在无产阶级革命中的领导权等主张上。恩格斯鲜明地指出："无产阶级要在决定关头强大到足以取得胜利，就必须（马克思和我从 1847 年以来就坚持这种立场）组成一个不同于其他所有政党并与它们对立的特殊政党，一个自觉的阶级政党"。[1] 19 世纪四五十年代，欧洲一些国家先后爆发了革命，虽然这些革命也推动了当时社会历史进步，但是，马克思、恩格斯认为这些革命仍属于资产阶级民主革命，因为革命领导权不在无产阶级政党手中。

1871 年 3 月 18 日，在法国爆发了巴黎公社革命，这是欧洲近代史上无产阶级与资产阶级第一次正面交锋。但是不到 72 天，巴黎公社革命就被联合起来的法德反动统治阶级镇压下去了。马克思、恩格斯在总结巴黎公社革命失败教训后认为：革命领导权没有掌握在无产阶级政党手中，这是巴黎公社革命失败的重要原因。巴黎公社革命失败，从反面教训上证明马克思、恩格斯关于无产阶

1 《马克思、恩格斯选集》第 4 卷，人民出版社 2012 年版，第 592 页。

级政党掌握领导权对于取得革命胜利具有决定性意义的论断，是无比正确的。

列宁所处的时代虽然与马克思、恩格斯时代不同，但是，列宁完全赞成马克思、恩格斯关于无产阶级政党要掌握革命领导权的思想。列宁有句名言："给我们一个革命家组织，我们就能把俄国翻转过来。"列宁明确指出："没有铁一般的在斗争中锻炼出来的党，没有为本阶级一切正直的人们所信赖的党，没有善于考察群众情绪和影响群众情绪的党，要顺利地进行这种斗争是不可能的"。[1] 列宁除了领导布尔什维克党和俄国人民取得了十月革命胜利之外，还有几年领导布尔什维克党进行社会主义建设的实践经验。列宁是一位善于总结实践经验的伟大领袖，他在总结仅有几年俄国社会主义建设实践后认为：无产阶级专政是一个"复杂体系"，它包括工人阶级的群众组织：工会、青年团、妇女会等，以及经济组织合作社、苏维埃政权组织等，工人阶级的先锋队组织即执政的共产党，是这些组织的真正领导者。列宁还明确指出："在我国，国家政权的一切政治经济工作都是由工人阶级觉悟的先锋队共产党领导"。[2] 因此，列宁认为没有共产党的领导，社会主义建设就不能取得成功。

（二）中国共产党人坚持党的领导的理论和实践简析

中国共产党从成立之日起就宣示以马列主义为指导。党在新民主主义革命时期的主要任务是反对帝国主义、封建主义和官僚资本主义，争取民族独立和

1 《列宁全集》第 39 卷，人民出版社 2017 年版，第 24 页。
2 《列宁选集》第 4 卷，人民出版社 2012 年版，第 624 页。

人民解放。为此，必须也应该联合包括国民党在内的一切进步力量进行斗争。但是，在联合中应该保持共产党的独立性。由于当时我们党的主要领导人犯了右倾机会主义错误，没能保持共产党的独立性，更没有掌握革命领导权，致使大革命在强大反动势力突然袭击下遭遇失败，大批共产党人惨遭屠杀。“但是，中国共产党和中国人民并没有被吓倒，被征服，被杀绝。他们从地上爬起来，揩干净身上的血迹，掩埋好同伴的尸首，他们又继续战斗了。”[1]

毛泽东指出：由于中国社会是半殖民地半封建性质，帝国主义和中华民族的矛盾，封建主义和人民大众的矛盾，这些就是近代中国社会的主要矛盾，这就决定了“中国革命是包括资产阶级民主主义性质的革命（新民主主义的革命）和无产阶级社会主义性质的革命、现在阶段的革命和将来阶段的革命这样两重任务的”，“领导中国民主主义革命和中国社会主义革命这样两个伟大的革命到达彻底的完成，除了中国共产党之外，是没有任何一个别的政党（不论是资产阶级的政党或小资产阶级的政党）能够担负的。而中国共产党则从自己建党的一天起，就把这样的两重任务放在自己的双肩之上了……”[2]

党团结带领中国人民经过 28 年浴血奋斗，取得了新民主主义革命伟大胜利。新中国成立后，经过三大改造，建立起了社会主义基本制度。毛泽东在第一届全国人大第一次会议上宣告：“领导我们事业的核心力量是中国共产党”。

1 《毛泽东选集》第 3 卷，人民出版社 1991 年版，第 1036 页。
2 《毛泽东选集》第 2 卷，人民出版社 1991 年版，第 651、652 页。

在整个社会主义革命和建设时期，以毛泽东同志为主要代表的中国共产党人都非常强调坚持党的领导，毛泽东多次指出："工、农、商、学、兵、政、党这七个方面，党是领导一切的。"[1]

中国共产党历届领导集体的核心都非常强调坚持党的领导。改革开放伊始，邓小平就提出要坚持四项基本原则，这是实现改革开放和社会主义现代化建设的政治前提。邓小平明确指出四项基本原则的核心是坚持共产党的领导。他指出："在中国这样的大国，要把几亿人口的思想和力量统一起来建设社会主义，没有一个由具有高度觉悟性、纪律性和自我牺牲精神的党员组成的能够真正代表和团结人民群众的党，没有这样一个党的统一领导，是不可能设想的，那就只会四分五裂，一事无成。"[2]江泽民认为：坚持中国共产党领导的实质"就是要坚持党在建设有中国特色社会主义事业中的领导核心地位，发挥党总揽全局、协调各方的作用。这是坚持四项基本原则的核心。"[3]胡锦涛指出："回顾九十年中国的发展进步，可以得出一个基本结论：办好中国的事情，关键在党。"[4]

（三）十八大以来坚持党的领导理论的创新

党的十八大以来，以习近平同志为主要代表的中国共产党人以马列主义党

1 《毛泽东文集》第 8 卷，人民出版社 1999 年版，第 305 页。
2 《邓小平文选》第 2 卷，人民出版社 1994 年版，第 341 页。
3 《江泽民文选》第 3 卷，人民出版社 2006 年版，第 223 页。
4 《胡锦涛文选》第 3 卷，人民出版社 2016 年版，第 527 页。

建理论为指导，在深刻总结党百年历史经验和新的实践基础上创新了坚持党的领导理论，这是习近平新时代中国特色社会主义思想中党建理论的核心观点，第三个历史决议对这个创新理论的内容作了全面而准确的论述。其主要点有：1. 用“十个明确”概括了习近平新时代中国特色社会主义思想的核心内涵，其中“第一个明确”就是明确中国特色社会主义最本质的特征是中国共产党领导，中国特色社会主义制度的最大优势是中国共产党领导，中国共产党是最高政治领导力量”[1]。2. 从十三个方面总结了党的十八大以来党和国家取得的历史性成就、发生的历史性变革，其中第一个方面就是坚持党的全面领导。这是“四个全面”战略布局的重要内容，是党的十八大以来取得的最重要政治成果，又是我们取得历史性成就、发生历史性变革的根本政治保证。3. 坚持党中央权威和集中统一领导是党的领导的最高原则。这在任何情况下都不能含糊、不能动摇。加强和维护党中央权威和集中统一领导是全党共同的政治责任，坚持党的领导首先要旗帜鲜明讲政治，保证全党服从中央。4. 加强党对一切工作的领导，这个要求不是空洞的、抽象的，要在各方面各环节落实和体现。中国特色社会主义制度是严密完整的科学制度体系，起四梁八柱作用的是根本制度、基本制度、重要制度，其中处于统领地位的是党的领导制度。在国家治理体系的大棋局中，党中央是坐镇中军帐的“帅”，车马炮各展其长，一盘棋大局分明。5. 充分肯定了党的十八大以来坚持党的全面领导取得的成就。党中央权威

1 《中国共产党第十九届中央委员会第六次全体会议文件汇编》，人民出版社 2021 年版，第 46 页。

和集中统一领导得到有力保证，党的领导制度体系不断完善，党的领导方式更加科学，全党思想上更加统一、政治上更加团结、行动上更加一致，党的政治领导力、思想引领力、群众组织力、社会号召力显著增强。6. 指出未来我们党要继续成功，就必须坚持党的全面领导不动摇，坚决维护党的核心和党中央权威，充分发挥党的领导政治优势，把党的全面领导落实到党和国家各领域各方面各环节，这是实现第二个百年奋斗目标的根本保证。

二、坚持自我革命

坚持自我革命，这是《决议》总结和概括的党百年奋斗的重要历史经验，也是习近平新时代中国特色社会主义思想中党建理论的具有标志性、引领性的重大理论观点，是以习近平同志为主要代表的中国共产党人对马列主义党建理论作出的原创性贡献。

坚持党的自我革命也就是要不断推进党的建设伟大工程。早在新民主主义革命时期，我们党就非常重视推进这个伟大工程，这是以马克思主义理论为指导的。

（一）马克思主义创始人关于加强党的建设的重要思想

马克思、恩格斯重视党的建设体现在他们建党实践中。作为第一个国际性无产阶级政党组织的共产主义者同盟，它的前身是正义者同盟，最初是在德国以工人、手工业者为主的半秘密性质的团体。正义者同盟主张依靠少数人的密谋活动来实现该团体的目标，平均共产主义是他们推崇的思想，“人人皆兄弟”是他们的口号。正义者同盟的领导人很尊重马克思、恩格斯，邀请他们参加正义者同盟活动并希望他们对同盟给予指导。马克思、恩格斯提出改组正义者同盟的要求，被同盟领导人采纳了。马克思、恩格斯关于无产阶级政党的性质、宗旨和目标等思想，就是在改组正义者同盟和为共产主义者同盟起草纲领过程中提出来的，马克思、恩格斯用“全世界无产者联合起来”取代“人人皆兄弟”的口号。这些重要思想在《共产党宣言》中得到充分体现，所以《共产党宣言》也被公认为是马克思、恩格斯建党学说的代表作。

马克思、恩格斯重视党的建设还体现在他们对党的纲领的极端重视上。马克思指出党的纲领“这就是在全世界面前树立起可供人们用来衡量党的运动水平的里程碑”[1]。恩格斯完全赞同马克思的观点，他认为“一个新的纲领毕竟总是一面公开树立起来的旗帜，而外界就根据它来判断这个党”[2]。1875年，马克思、恩格斯严厉批判了充斥拉萨尔机会主义错误的《哥达纲领》，给后人留下了科学社会主义又一代表作《哥达纲领批判》。1891 年，恩格斯亲自修改德国社会民主党党纲《爱尔福特纲领草案》，肯定了这个纲领中正确的内容，同时鲜明指出要警惕机会主义错误对党的纲领的影响。

列宁关于加强党的建设思想的内容非常丰富。这些重要思想是列宁在同各种机会主义作斗争和领导布尔什维克党夺取十月革命胜利过程中形成的。列宁

1 《马克思、恩格斯选集》第 3 卷，人民出版社 2012 年，第 355 页。
2 《马克思、恩格斯选集》第 3 卷，人民出版社 2012 年，第 350 页。

认为党章应当明确规定党员必须参加党的一个组织，这样才能使共产党成为有组织、有纪律的队伍，成为集中统一的无产阶级司令部；列宁用“部分服从整体，少数服从多数，下级服从上级”来通俗表达马克思主义政党的民主集中制，他主张要用民主集中制原则来建设党；列宁强调指出要维护党中央和党的领袖的权威。列宁论述了群众、阶级、政党和领袖之间的辩证关系，指出“群众是划分为阶级的”，“阶级是由政党来领导的；政党通常是由最有威信、最有影响、最有经验、被选出担任重要职务而称为领袖的人们所组成的比较稳定的集团来主持的”。[1] 列宁认为这是无产阶级事业发展的必然要求；列宁同民粹派、马尔托夫、工联主义和“左派”共产党人等进行坚决斗争，在这个过程中列宁形成了关于党的政治建设思想。列宁强调要从马克思主义政治观点上看问题：“一个阶级如果不从政治上正确地看问题，就不能维持它的统治，因而也就不能完成它的生产任务。”[2]

上述这些思想构成了列宁新型无产阶级政党理论的主要内容，是列宁主义重要组成部分。列宁重视和加强党的建设特别是政治建设思想，对中国共产党人产生了深刻的影响。

（二）中国共产党人对重视和加强党的建设思想的坚持和发展

1927 年大革命失败后，党的工作重心从城市转到农村，领导农民开展武

1 《列宁选集》第 4 卷，人民出版社 2012 年版，第 151 页。
2 《列宁选集》第 4 卷，人民出版社 2012 年版，第 408 页

装斗争和土地革命。随着红军和根据地的扩大，大量农民加入了党组织。这就提出了一个新的历史课题：在农民和其他小资产阶级出身的党员占多数的情况下，如何建设无产阶级政党？共产国际提出的“党的组织工人化”“党的干部工人化”的指导原则显然不符合中国国情。当时党内存在的各种非无产阶级思想，如：单纯军事观点、极端民主化、非组织观点、绝对平均主义、主观主义、个人主义、流寇思想、盲动主义残余等，使这个问题变得更加突出。

以毛泽东同志为主要代表的中国共产党人认识到中国国情是半殖民地半封建性质的国家，党情特点是农民和其他小资产阶级出身的共产党员占多数。要解决党的建设遇到的这个新问题，只能从中国实际出发。1929 年 12 月，在福建龙岩召开的古田会议很好地解决了这个问题，古田会议开创了思想建党、理论强党的先河。正因为中国共产党人把马列主义党建理论中的立场、观点和方法同中国的国情党情相结合，从而坚持和发展了马克思主义创始人关于重视和加强党的建设的思想。

延安时期，加强党的建设有了较好的外部环境。毛泽东正式提出要把党的建设作为伟大工程加以推进。毛泽东指出党的建设伟大工程的根本任务就是“建设一个全国范围的、广大群众性的、思想上政治上组织上完全巩固的布尔什维克化的中国共产党”[1]。延安整风是党的历史上第一次在全党范围内开展的伟大的马克思主义思想教育运动。经过两年多的整风，取得了很好效果，在重

---

1 《毛泽东选集》第 2 卷，人民出版社 1991 年版，第 602 页。

大历史关头统一了全党思想和行动，对推进中国人民解放事业和夺取全国胜利发挥了重要引领作用。

新中国成立后，党在全国范围内执掌政权，我们党根据自身承担使命的变化和党员队伍面临的新情况，建国伊始，就进行了整风整党运动。主要是解决官僚主义和命令主义，纠正居功自傲和“革命到头”等思想，经过了这场整风整党运动，纯洁了党组织，密切了党群关系。

在改革开放和社会主义建设时期，邓小平非常重视加强党的建设。他认为要坚持和改善党的领导，就必须抓好党的建设。对此，他有一系列富有创造性的论述。在拨乱反正中，邓小平就恢复党的战斗力提出：党应该是一个战斗的队伍。党的十二大决定要在全党开展整党，邓小平要求“一定要搞好这次整党”，要致力于把党建设成为有战斗力的马克思主义领导核心。邓小平鲜明地提出：“执政党应该是一个什么样的党，执政党的党员应该怎样才合格，党怎样才叫善于领导。”[1] 这是新时期加强党的建设的基本问题。在总结20世纪80年代末发生在北京的政治风波教训后，邓小平嘱咐党的第三代领导集体：“常委会的同志要聚精会神地抓党的建设。”[2]

建设什么样的党、怎样建设党，这是中国共产党建设的基本问题。这个基本问题在不同时期有不同的内涵和要求。在20世纪和21世纪之交，世情

1 《邓小平文选》第2卷，人民出版社1994年版，第276页。
2 《邓小平文选》第3卷，人民出版社1993年版，第314页。

国情党情发生深刻变化，“三个代表”重要思想应运而生。江泽民指出：“时代在发展，形势在变化，我们党要不断巩固自己的执政地位，必须紧跟世界发展进步的潮流，始终代表中国先进生产力的发展要求、先进文化的前进方向和最广大人民的根本利益。”“三个代表”重要思想对党的建设基本问题作出了全面回答，尤其是回答了进入新世纪的中国共产党如何保持先进性问题。江泽民指出：判断一个政党的先进性的标准，“主要应看它的理论和纲领是不是马克思主义的，是不是代表社会发展的正确方向，是不是代表最广大人民的根本利益”[1]。

新世纪新阶段，党面临长期执政考验、改革开放考验、市场经济考验、外部环境考验，存在精神懈怠危险、能力不足危险、脱离群众危险、消极腐败危险。落实党要管党、从严治党的任务十分繁重。因此，新世纪新阶段贯彻落实科学发展观对保持和发展党的先进性和纯洁性，提出了新的更高的要求。正如胡锦涛指出：“一个政党过去先进，不等于现在先进，现在先进，不等于永远先进。”[2]

因此，必须把马列主义党建理论同中国国情党情结合起来，实现党的建设理论创新，引领我国社会发展进步，必须顺应时代发展潮流、不断制定和执行代表最广大人民群众的根本利益的路线方针政策，必须不断增强党的自身创造

---

1 《江泽民文选》第 3 卷，人民出版社 2006 年版，第 285 页。
2 《胡锦涛文选》第 2 卷，人民出版社 2016 年版，第 270 页。

力、凝聚力、战斗力，必须提倡共产党员的牺牲精神和忠诚精神。这是中国共产党作为两个先锋队的核心要义，是新时期新世纪我们党对中国共产党建设的基本问题的有力回答。

（三）党的十八大以来党的自我革命理论的创新

党的十八大以来，以习近平同志为核心的党中央，以党的建设永远在路上的清醒和坚定、以前所未有的勇气和定力全面从严治党、正风肃纪反腐，打出一套自我革命的“组合拳”，不断清除一切侵蚀党的健康肌体的病毒，党的自我净化、自我完善、自我革新、自我提高能力显著增强，管党治党宽松软状况得到根本扭转，反腐败斗争取得压倒性胜利并全面巩固。在总结长期以来特别是党的十八大以来卓有成效推进党的建设伟大工程经验基础上，实现了党的自我革命理论创新。

《决议》全面总结了党百年奋斗历史特别是党的十八大以来全面从严治党的宝贵经验和自我革命的创新理论，其主要点有：1. 从 5 个方面总结了党的十八大以来全面从严治党经验。可以用“5 个抓”加以概括：抓党要管党、全面从严治党，抓制定和落实中央八项规定、以上率下，抓理想信念教育、思想建党制度治党同向发力，抓新时代好干部标准、树立正确用人导向，抓反腐败这项重大政治斗争、建立起“三不、一体”的反腐败格局。2. 指出了勇于自我革命是中国共产党区别于其他政党的显著标志。坚持自我革命是永葆马克思主义政党本色的根本保证。马克思主义政党的先进性不是天生的，是在不断自我革命中淬炼而成的。3. 揭示了党历经百年沧桑却更加充满活力的奥秘。这就是始终坚持真理、修正错误。党的伟大不在于不犯错误，而在于从不讳疾忌医，积极开展批评和自我批评，敢于直面问题，勇于自我革命，党在革命性锻造中更加坚强。4. 给出了跳出治乱兴衰历史周期率的第二个答案。1945 年毛泽东在延安的窑洞给出了第一个答案，这就是“只有让人民来监督政府，政府才不敢松懈”。经过百年奋斗特别是党的十八大以来全面从严治党的实践，我们党又给出了第二个答案，这就是自我革命。这个答案是对建设什么样的长期执政的马克思主义政党、怎样建设长期执政的马克思主义政党这时代课题的正确回答。5. 指出了我们党未来要继续成功就必须坚持伟大自我革命。不断清除一切损害党的先进性和纯洁性的因素，不断清除一切侵蚀党的健康肌体的病毒，只有这样才能够确保党不变质、不变色、不变味，确保党在新时代坚持和发展中国特色社会主义和实现中华民族伟大复兴的历史进程中始终成为坚强领导核心。

坚持自我革命是《决议》概括的党百年奋斗的宝贵历史经验，是习近平新时代中国特色社会主义思想中党建理论的核心观点，正如《决议》指出：明确全面从严治党的战略方针，提出新时代党的建设总要求，以伟大自我革命引领伟大社会革命，这些战略思想和创新理念，“是党对中国特色社会主义建设规律认识深化和理论创新的重大成果”[1]。

---

1 《中国共产党第十九届中央委员会第六次全体会议文件汇编》，人民出版社 2021 年版，第 48 页。

综上所述，本序言从马克思主义发展史和新时代党的创新理论的结合上，较为全面深入地解析了坚持党的领导和坚持自我革命。从中我们可以清楚地看出：坚持党的领导和坚持自我革命，既是《决议》总结的党百年奋斗的重要经验，又是习近平新时代中国特色社会主义思想中党建理论的具有标志性、引领性的重大理论观点，既坚持了老祖宗没有丢，又在新时代条件下讲了许多新话，从而开辟了坚持和发展马列主义党建理论的新境界，《决议》无疑是中国化马克思主义党建理论最新成果的代表作。

樊欣同志的专著《伟业保障简论》，从史论结合上概述了中国化马克思主义党建理论及其最新成果的理论基石，即马克思、恩格斯建党学说和列宁新型无产阶级政党理论。回顾了中国共产党人一百年来推进党的建设的伟大工程的历史，论述了新民主主义革命时期、社会主义革命和建设时期、改革开放和社会主义现代化建设新时期、中国特色社会主义新时代的党的建设。论述了我们党在总结百年自我革命历史经验和借鉴其他社会主义国家兴衰成败经验教训的基础上，形成的中国化马克思主义党建理论，概括了其基本内容有六个方面。从五个方面浓墨重彩地阐析了习近平新时代中国特色社会主义思想中的党建理论的逻辑建构和主要内容，并且指出习近平新时代中国特色社会主义思想中党建理论就是中国化马克思主义党建理论最新成果。在上述基础上，《伟业保障简论》从理论和实际结合上回答了马克思主义执政党建设的重大课题即如何成功找到跳出历史周期率的道路。还从大历史观上阐析了党的创新理论和党的百年奋斗历史，指出党的创新理论是新时期以来，推进党的建设伟大工程的根本指导思想。深刻分析了中国化马克思主义党建理论最新成果对马列主义党建理论作出了重大贡献，并指出这个贡献有两个明显特点：一是全方位，即超出了党建理论范围，二是具有原创性。总之，《伟业保障简论》就是要告诉读者：中国共产人致力于中华民族千秋伟业，坚持党的领导、坚持自我革命，是实现中华民族伟大复兴的根本保障。

《伟业保障简论》一书是近几年研究习近平新时代中国特色社会主义思想中党建理论为数不多的专著之一，作者是我国理论界的“后浪”，能涉猎这个新的研究领域并形成了这个阶段性成果，证明了作者的理论勇气和理论功底，实属难能可贵。我怀着极大兴趣看完了此书，并非常乐意为此书作序。与此同时，我从书中也看到了作者已经把自己研究的这个课题，同研究习近平总书记的“七一”重要讲话和党的第三个历史决议结合起来了，但是，还结合得不够。我以为第三个历史决议是中共党史党建的百科全书，其中有很多重大理论、重大观点和重大论断需要我们理论工作者去深入研究。我以“第三个历史决议是中国化马克思主义党建理论最新成果的代表作”为题，写了这个序言，其中重要目的就是希望作者今后能在这方面研究中再出新的成果。

严书翰

2022 年 6 月

目　录

目　录

目　录

绪　论

一、选题来源

2016年3月23日，全国党建研究会第六次会员代表大会在北京召开。习近平总书记致信对大会表示祝贺的同时作出了重要指示。他强调：在宣传和研究中要坚持正确政治方向，注重发挥党建高端智库作用，分析研究党的建设理论和实际问题，总结概括全面从严治党实践的新鲜经验，为科学构建中国化的马克思主义党建理论体系，确保党的领导核心地位，作出新的更大的贡献。

研究和构建中国化的马克思主义党建理论体系，这不仅是习近平总书记对全国党建高端智库的殷殷希望，也是对广大理论工作者提出的明确要求。研究中国化马克思主义党建理论关系到坚持和发展马列主义党建理论，关系到坚持和发展21世纪的马克思主义，即习近平新时代中国特色社会主义思想，关系到丰富和发展中国化马克思主义，根据我对这个问题的兴趣和前期研究的积累，在承担我导师严书翰教授主持的国家社科基金重大课题“十八大以来党中央治国理政新理念新思想新战略研究”的子课题研究的前提下，以及在吸收了我的博士论文的基础上，形成了这部中国化马克思主义党建理论最新成果的书。此书为中国社会科学院习近平新时代中国特色社会主义思想研究中心重点项目

“中国化马克思注意党建理论最新成果研究”（项目批准号：2022XYZD12）的最终成果。

二、选题意义

我认为本书研究具有重要的理论价值和现实意义。从理论价值上看，中国共产党人在总结百年历史经验的基础上形成并提出中国化马克思主义党建理论，这是中国共产党对坚持和发展马克思主义作出的原创性贡献。我们党鲜明指出：马克思主义是我们立党立国的根本指导思想，是中国共产党人的灵魂和旗帜。我们党从诞生之日起就把马克思主义写在自己党旗上，在总结新民主主义革命时期党领导人民进行社会革命经验的基础上，我们党得出了这个规律性的认识成果：在马克思主义还没有传入中国之前，中国革命是不可能取得胜利的。在马克思主义传入中国之后，不把它与中国实际相结合，中国革命也是不可能取得胜利的。也就是说必须把马克思主义基本原理同中国革命实际相结合，同中华优秀传统文化相结合，中国革命才能取得胜利，这是千真万确的真理。正如习近平指出：一个国家究竟要实行什么样的主义，关键在于这个主义能否解决这个国家所面临的历史性课题。

从总结中国共产党领导中国人民进行自我革命的历史经验中也有力佐证了这个真理。在资本主义自由竞争时代，马克思主义创始人创立了马克思、恩格斯建党学说。在帝国主义和无产阶级革命时代，作为革命导师的列宁以马克思、恩格斯建党学说为理论指导，依据俄国的国情党情创立了新型无产阶级政党理论。伟大的十月革命胜利后，列宁有过 1917 年至 1923 年的领导执政的经验，并据此经验提出不少关于马克思主义执政党建设的重要原则，苏联共产党在实践中也积累了宝贵的执政经验。历史一再告知我们：经济文化落后的东方大国——中国，要建设什么样的长期执政的马克思主义政党、怎样建设长期执政的马克思主义政党，是无法从经典作家党建理论的本本和苏共的经验中找到现成答案的。中国共产党将改造客观世界与改造主观世界相统一，将推进社会革命与自我革命相统一，在此过程中形成了中国化马克思主义党建理论。党的十八大以来，在归纳总结全面从严治党尤其是反腐倡廉新鲜经验的基础上，以习近平同志为核心的党中央围绕党的建设提出了一系列新理念新思想新战略，从而形成中国化马克思主义党建理论最新成果，深化了对共产党执政规律、社会主义建设规律和人类社会发展规律的认识。中国共产党人为坚持和发展马列主义党建理论，书写了马克思主义中国化的新的华彩篇章。

从实践维度上看，中国化马克思主义党建理论是我们党保持先进性和纯洁性，防范和克服政治风险，进行具有许多新的历史特点的伟大斗争并最终取得胜利的强大思想武器。今天的中国共产党是一个拥有一百年光辉历史和 9500 万名党员的世界上最大的马克思主义政党。我们党的初心使命是为中国人民谋幸福、为中华民族谋复兴。不忘初心、牢记使命，是我们党不变的坚守和永恒的课题。这就决定了中国共产党在领导中国人民完成了第一个百年奋斗目标后，还要继续完成第二个百年奋斗目标并最终实现中华民族伟大复兴。

当今世界百年未有之大变局与世纪疫情叠加，这使得国际局势更加复杂多变，难以预测的变数增多，人类社会正处于空前未有的动荡期。目前，我国发展面临的前所未有的风险挑战还将在今后很长时期内存在。既有国内的风险挑战也有国际的风险挑战，既有政治、经济、文化、社会等领域的风险挑战也有来自自然界的风险挑战，既有传统的风险挑战也有非传统的风险挑战，类似的“黑天鹅”“灰犀牛”事件还将会不期而至。在我们防范和克服各种风险中要把政治风险摆在重要位置。因为我们面临的政治风险是客观存在而且愈来愈紧迫的。要建设好、建设成中国特色社会主义，这是需要一个相当长的历史时期。在这个伟大斗争的漫长历史时期中，最艰难最巨大的风险挑战就是确保中国共产党不垮、中国社会主义制度不倒。

我们可以从内外两个维度来认识这个重大问题，从我们党自身看，始终保持我们党先进性和纯洁性的任务还没有完成，也就是说我们党面临的变质、变色、变味的风险还将长期存在。从外部环境看，西方敌对势力和一些政客把攻击的矛头直指中国共产党，而且还居心险恶地挑拨中国共产党和中国人民的关系，这要引起我们高度警惕并且对此要进行坚决斗争。总之，防范和克服政治风险，保持共产党的先进性和纯洁性，使我们党永远立于不败之地，需要有锐利的思想武器（或称重要法宝）。中国化马克思主义党建理论最新成果，就是我们党保持先进性和纯洁性，防范和克服政治风险，进行具有许多新的历史特点的伟大斗争并取得最终胜利的强大思想武器。

三、基本概念

（一）马克思、恩格斯建党学说与列宁新型无产阶级政党理论

1. 马克思、恩格斯建党学说。马克思、恩格斯在领导建立世界上第一个国际性共产党组织即共产主义者同盟过程中提出了建党思想，这一思想后来在马克思、恩格斯的《共产党宣言》《法兰西内战》《哥达纲领批判》和《爱尔福特纲领批判》等科学社会主义著作中得到了完善和发展，并在总结国际共产主义历史经验的基础上形成了马克思、恩格斯建党学说。

因此，在马克思、恩格斯创立的科学社会主义理论体系中是包含马克思、恩格斯建党学说的。1959 ～ 1960 年，毛泽东在读苏联《政治经济学教科书》时精辟地指出："马克思主义三个组成部分中的科学社会主义部分所研究的，是阶级斗争学说、国家论、党论、战略策略，等等。"[1]我国理论界通常把毛泽东的这个概括称为"科社四论"。

2. 列宁新型无产阶级政党理论。这是指列宁把马克思、恩格斯建党学说运用于他创建和领导俄国共产党即布尔什维克的实践过程中形成的马克思主义政党理论。由于列宁领导布尔什维克取得了十月革命胜利，又经历了 5 年的探索俄国社会主义建设实践，因而列宁新型无产阶级政党理论的内容非常丰富，也就是它包含马克思主义执政党建设的内容。

1《毛泽东文选》第 8 卷，人民出版社 1999 年版，第 131 页。

列宁新型无产阶级政党理论“新”在何处？一是指列宁领导布尔什维克党同孟什维克这个代表资产阶级利益的政党彻底划清了界限。二是指布尔什维克党是根本区别于第二国际机会主义政党的新型无产阶级政党。

3. 马列主义党建理论。本书使用的“马列主义党建理论”概念主要是指马克思、恩格斯建党学说和列宁新型无产阶级政党理论的有机结合。无论从立场、观点和方法还是内容上看，二者是一脉相传、与时俱进的。当然，由于马克思、恩格斯建党学说产生的时代背景是自由资本主义时期，马克思、恩格斯所处的时代，无产阶级政党夺取政权的条件还不成熟。而列宁新型无产阶级政党理论产生的时代是资本主义向垄断阶段发展并进入了帝国主义时代，而且俄国当时处在世界各种矛盾的焦点上，时代向列宁和布尔什维克党提出了进行夺取政权的无产阶级革命问题。因此，马克思、恩格斯建党学说和列宁新型无产阶级政党理论，在其丰富内容上各有侧重，各有特色。但应该看到，二者主要是回答革命时期的无产阶级政党应是“什么样的党、怎样建设党”的问题。还应该指出的是理论界同行在使用马列主义党建理论这个概念时有狭义和广义区别。狭义就是指马克思、恩格斯建党学说和列宁新型无产阶级政党理论的统一。广义是指它还包括和马克思、恩格斯、列宁同时代的马克思主义者的党建思想，例如，李卜克内西、倍倍尔、普列汉诺夫、斯大林等党建思想。本书是从狭义上使用这个概念。

（二）中国化的马克思主义党建理论体系、中国化马克思主义党建理论与中国化马克思主义党建理论最新成果

1. 中国化的马克思主义党建理论体系。“构建中国化的马克思主义党建理论体系”，这是习近平对全国党建高端智库的明确要求，也是对广大理论工作者提出的殷殷希望。中国化的马克思主义党建理论体系，顾名思义是指中国共产党人一百年来把马列主义党建理论基本原理与时代背景、中国实际以及党的自身建设相结合形成的理论成果，是中国共产党人集体智慧的结晶，体现在毛泽东思想、邓小平理论、“三个代表”重要思想、科学发展观和习近平新时代中国特色社会主义思想之中。中国化马克思主义党建理论的最新成果是指习近平关于新时代全面从严治党和加强党的建设的重要论述等内容，是习近平新时代中国特色社会主义思想中的党建理论。

2. 中国化马克思主义党建理论。在深入学习和深化研究习近平新时代中国特色社会主义思想过程中，合乎逻辑地提出了要把这一思想学理化、学科化的要求，这既是当前实践发展的迫切需要，也是理论创新的必然要求。应该说中国化的马克思主义党建理论体系，还是属于党的文献的提法（或称政治概念），而中国化马克思主义党建理论，则是学理化的提法，当然这两种提法（概念）是有密切联系的，但是我们要注意：中国化马克思主义党建理论虽然只比中国化的马克思主义党建理论体系少了 3 个字，但是二者还是有明显区别

的。前者是学理化的提法，它与后者相比，其内涵和外延都发生了很大变化。因为中国化马克思主义党建理论不仅要概括和研究它自身的内容，还要研究它的理论基础即马列主义党建理论，包括还要对马克思、恩格斯建党学说和列宁新型无产阶级政党理论作出梳理和概括，还要从史论结合上研究一百年来中国共产党推进党的建设伟大工程等，因此，中国化马克思主义党建理论，是本书最重要的基本概念。

3. 中国化马克思主义党建理论最新成果。党的十八大以来，以习近平同志为主要代表的中国共产党人以坚定政治决心、有力对策举措狠抓全面从严治党，在这个过程中提出了一系列加强党的建设的新理念新思想新战略。这些重要论述极大地推进了中国化马克思主义党建理论的构建，使党的自身面貌和党所领导的事业都发生了巨大变化。习近平新时代中国特色社会主义思想中关于党建的系列重要论述，就是中国化马克思主义党建理论最新成果。从理论体系上来看，它仍然是中国化马克思主义党建理论的重要组成部分。从现实状况即从新时代建设伟大工程、进行伟大斗争、推进伟大事业、实现伟大梦想上来看，把中国化马克思主义党建理论最新成果单列出来加以研究，可以达到相互促进、相得益彰的效果。此外，本书在论述过程中是把中国化马克思主义党建理论最新成果、习近平新时代中国特色社会主义思想中的党建理论和习近平关于党的建设系列重要论述、习近平关于加强党的建设的新理念新思想新战略，作为可以相互替换的基本概念来使用的。

（三）党领导的社会革命、党领导的自我革命

1. 党领导的社会革命。这里讲的社会革命内涵极其丰富，它既包括我们党领导中国人民进行新民主主义革命和社会主义革命，又包括新中国成立后的社会主义革命和建设，还包括 1978 年党的十一届三中全会后，我们党领导中国人民推进改革开放和现代化建设的伟大事业。2021 年是中国共产党一百年诞辰，党的十九届六中全会通过的党的历史上第三个历史决议，用党领导的社会革命来概括中国共产党一百年奋斗的丰富内容。我们还可以清楚地看出，世界上没有哪一个党能像中国共产党那样饱经磨难而风华正茂，尽管付出过如此多的惨烈牺牲，尽管经历过如此多的生死考验，尽管遭遇过如此多的艰难险阻，还能够生生不息、勇毅前行。这一百年来，党锤炼了敢于斗争、不惧风险、不畏强敌、勇于胜利的品质和风骨。这是我们党与其他资产阶级政党不同的最鲜明的特质和特点。

2. 党领导的自我革命。这是特指推进党的建设伟大工程，也就是加强党的建设。由于中国共产党是中国人民的“主心骨”和坚强的领导核心，是实现中华民族伟大复兴的“引路人”和先锋队，所以办好中国的事情，关键在党。因此，党领导的自我革命决定了我们党和国家兴衰存亡。我们党最大的政治优势和伟大的品格是勇于自我革命，全面从严治党不放松，实现改造客观世界与主观世界相统一，在推动社会革命的同时进行彻底的自我革命。因此，党的文献有时还用伟大自我革命的提法。

第一章
马克思、恩格斯建党学说概述

马克思、恩格斯建党学说是中国化马克思主义党建理论的基石。马克思、恩格斯建党学说不是凭空提出来的，是他们亲自参加了工人阶级运动和创建第一个国际性无产阶级政党组织——共产主义者同盟，并在总结欧洲发生的一系列革命实践基础上提出来的，马克思、恩格斯建党学说既给当时欧洲各国的无产阶级政党领导革命运动指明了方向，又是留给后来共产党人的宝贵思想财富。

第一节　无产阶级政党的性质、宗旨和目标

一、马克思、恩格斯建党的实践活动

马克思、恩格斯关于无产阶级政党的性质、宗旨和目标等论述，主要是在创建世界上第一个国际性无产阶级政党组织即共产主义者同盟过程中提出来的。

作为共产主义者同盟的前身——正义者同盟，它是在德国建立的第一个无产阶级政治组织，是以工人、手工业者为主的半秘密性质的团体。正义者同盟这个组织推崇平均共产主义，主张依靠密谋活动来实现目标，他们为了团结和争取一般群众提出了“人人皆兄弟”的口号，并在法国、瑞士和德国等地组织工人罢工。马克思、恩格斯与正义者同盟的领导人联系很多，因而使马克思、恩格斯对这个团体有比较多的了解，他们认为与英国的全国宪章派协会和法国的四季社等组织相比，正义者同盟更易于改造，因而他们很关注这个团体。正义者同盟的领导人很尊重马克思、恩格斯，邀请他们参加正义者同盟活动并希望他们对同盟给予指导。同盟接受了马克思、恩格斯提出的关于改组正义者同盟的要求。

随后，马克思、恩格斯着手改组正义者同盟，将正义者同盟更名为共产主义者同盟。马克思因经济困难没有参加共产主义者同盟成立大会。恩格斯全程参与了会议，为共产主义者同盟起草了纲领《共产主义信条草案》。这个草案共有 22 个问题，阐述了无产阶级产生、发展和建立社会主义的使命，以及实现

共产主义社会的一般条件和基本手段。共产主义者同盟成立大会，在马克思、恩格斯的指导和影响下，发表了致共产主义者同盟全体成员的通告信。通告信指出：许多人对正义问题有要求，但这并不意味着他们是共产主义者，而共产主义者同盟的特点不在于我们一般地要求正义，而“在于我们要财产公有，在于我们是共产主义者”[1]。这次大会根据马克思、恩格斯的提议：将“人人皆兄弟”的口号更换为“全世界无产者，联合起来”！这是世界上第一个国际性无产阶级政党组织——共产主义者同盟建设的第一步。

二、马克思、恩格斯关于共产党的性质、宗旨和目标等重要思想

马克思、恩格斯亲自参加国际工人运动和当时欧洲爆发的资产阶级革命，他们在总结这些革命运动和同形形色色非科学社会主义思潮做斗争经验的基础上，提出了关于共产党的性质、宗旨和目标等重要思想，这是马克思、恩格斯建党学说的重要内容。

关于共产党的性质。无产阶级革命导师马克思、恩格斯认为，共产党的阶级基础是无产阶级，但共产党又不同于一般无产阶级政党，他们在《共产党宣言》中指出：“共产党人是各国工人政党中最坚决的、始终起推动作用的部分。”[2]因为共产党有科学社会主义理论作指导，所以在理论指导方面，他们“了解无产阶级运动的条件、进程和一般结果”[3]。

1《马克思恩格斯全集》第 42 卷，人民出版社 1979 年版，第 431 页。
2《马克思恩格斯选集》第 4 卷，人民出版社 2012 年版，第 2 页。
3《马克思恩格斯选集》第 4 卷，人民出版社 2012 年版，第 278 页。

同时，马克思、恩格斯指出，共产党同一般无产阶级政党的根本区别表现在以下两方面。一是“在无产者不同的民族的斗争中，共产党人强调和坚持整个无产阶级共同的不分民族的利益”，二是“在无产阶级和资产阶级的斗争所经历的各个发展阶段上，共产党人始终代表整个运动的利益”[1]。这是马克思、恩格斯关于共产党先进性和纯洁性的最早、最经典的论述。

关于共产党的宗旨。对于这个问题，马克思、恩格斯在《共产党宣言》中有明确的论述。共产党的宗旨体现在经济方面是消灭资产阶级私有制，体现在政治方面是无产阶级要成为统治阶级即要当家做主人，体现在意识形态方面就是“两个决裂”即“共产主义革命就是同传统的所有制关系实行最彻底的决裂；毫不奇怪，它在自己的发展进程中要同传统的观念实行最彻底的决裂”[2]。共产党宗旨的革命性彻底性决定了共产党领导的无产阶级运动的革命性彻底性。“过去的一切运动都是少数人的或者为少数人谋利益的运动。无产阶级的运动是绝大多数人的、为绝大多数人谋利益的独立的运动。”[3]

关于共产党的目标。在马克思、恩格斯看来，共产党的目标又分为近期目标和长远目标（或称最高纲领），这在《共产党宣言》中有明确论述。共产主义者同盟认为共产党近期目标是：争得民主，使无产阶级上升为统治阶级。无产阶级可以利用掌握的政权，逐步地夺取资产阶级的全部资本，把生产工具集

1《马克思恩格斯选集》第 1 卷，人民出版社 2012 年版，第 413 页。
2《马克思恩格斯选集》第 1 卷，人民出版社 2012 年版，第 421 页。
3《马克思恩格斯选集》第 1 卷，人民出版社 2012 年版，第 411 页。

中在本阶级手中，并且尽可能快地增加生产力的总量。长远目标也就是要实现共产主义社会，即“代替那存在着阶级和阶级对立的资产阶级旧社会的，将是这样一个联合体，在那里，每个人的自由发展是一切人的自由发展的条件”[1]。

第二节 无产阶级政党的策略

在马克思、恩格斯时代，他们还没有把战略与策略加以区分，因此策略的内涵很丰富。马克思、恩格斯认为：无产阶级政党的策略是无产阶级政党对其他阶级阶层（主要是资产阶级）的辩证认识和基本对策，对待各种非科学社会主义流派或思潮的态度也包括在其中。马克思主义政党是在领导无产阶级与资产阶级做斗争和批判各种错误的思潮或流派过程中发展、壮大起来的。因此，包括战略内容在内的无产阶级政党的策略，属于马克思、恩格斯建党学说范畴。

一、对资产阶级的认识和对策

马克思、恩格斯在《共产党宣言》中详尽地论述了资产者和无产者产生、发展和斗争的过程。马克思、恩格斯认为：资产阶级是生产方式和交换方式长期发展和一系列变革而形成的历史产物。需要辩证地看待资产阶级，他们在历史上曾经起过非常革命的作用。资产阶级通过运用各种方式（包括非暴力的和暴力的）取代了封建主义的制度，这无疑是历史的进步。资产阶级战胜封建主义制度的

1《马克思恩格斯选集》第 1 卷，人民出版社 2012 年版，第 422 页。

“秘密武器”是它掌握了社会化生产，因此，它运用社会化生产炸毁了束缚生产力发展的封建社会生产关系的枷锁。“资产阶级在它的不到一百年的阶级统治中所创造的生产力，比过去一切世代创造的全部生产力还要多，还要大。”[1]

由于资产阶级是用资本主义私有制取代封建主义私有制，在资产阶级取得统治地位的同时，也就形成了它自身的基本矛盾即社会化生产与资本主义私人占有的矛盾，资本主义基本矛盾的产生和发展是形成资本主义社会一切矛盾和危机的根源。马克思、恩格斯深刻指出：“资产阶级用来推翻封建制度的武器，现在却对准资产阶级自己了。”[2]资产阶级和无产阶级好比是生产方式和交换方式这一对“双生子”。资产阶级不仅锻造了社会化生产这种置自身于死地的武器，而且还产生了运用社会化生产的人——革命的无产阶级。资本主义生产力愈发展，它的社会基本矛盾的对立也就愈尖锐，社会化生产发展的最终结果是要炸毁资本主义生产关系桎梏的，于是马克思、恩格斯得出结论：“资产阶级的灭亡和无产阶级的胜利是同样不可避免的。”[3]这就是通常所说的“两个必然”的规律。

关于“两个必然”的实现形式，马克思、恩格斯曾经提出共同革命的思路。自由资本主义时代，具有扩张性本能的资本把国际资本联成一体，资本的压迫和剥削也就越过了国界。因此，无产阶级与资产阶级的矛盾就成了国际现象。在

1《马克思恩格斯选集》第 1 卷，人民出版社 2012 年版，第 405 页。
2《马克思恩格斯选集》第 1 卷，人民出版社 2012 年版，第 406 页。
3《马克思恩格斯选集》第 1 卷，人民出版社 2012 年版，第 413 页。

马克思、恩格斯看来，社会主义代替资本主义是要整体性地取代，也就是全世界无产阶级要联合起来同时进行革命，至少要在几个主要西方发达国家同时发生革命。恩格斯在《共产主义原理》中指出：“共产主义革命将不仅仅是一个国家的革命，而是将在一切文明国家里，至少在英国、美国、法国、德国同时发生的革命。”[1]虽然此后马克思、恩格斯不再使用“同时发生”的提法，但是还是坚持共同革命的思路。他们在《共产党宣言》中指出：“联合的行动，至少是各文明国家的联合的行动，是无产阶级获得解放的首要条件之一。”[2]

1871 年 3 月 18 日爆发的巴黎公社革命，是国际共产主义历史上无产阶级与资产阶级第一次正面搏斗，但是不到 72 天就被联合起来的反动统治阶级所扼杀。巴黎公社革命的失败，进一步强化了马克思、恩格斯共同革命的思路。

那又如何理解马克思、恩格斯晚年提出的跨越卡夫丁峡谷的论断呢，这就需要从马克思、恩格斯晚年研究东方国家尤其是俄国社会的发展道路讲起。1881 年 3 月 8 日，马克思在给俄国年轻女革命家维伊·查苏利奇的回信中用了古罗马史上通过卡夫丁峡谷的典故。这个典故是讲公元前 321 年，罗马军队在征服意大利的过程中，在古罗马城外被意大利部落组成的军队打败。打了败仗的罗马军队被迫接受在卡夫丁峡谷通过“轭门”来遣送战俘的仪式（受降仪式）。因此，卡夫丁峡谷就变成了“痛苦过程”的代名词。

1《马克思恩格斯选集》第 1 卷，人民出版社 2012 年版，第 306 页。
2《马克思恩格斯选集》第 1 卷，人民出版社 2012 年版，第 419 页。

马克思在回信中用这个典故是在说明他的观点：俄国在一定条件下是有可能不经历资本主义完整发展阶段的痛苦过程而过渡到社会主义的。马克思讲的一定条件，最主要的是指西方发达国家取得了无产阶级革命的胜利，而且又引发了俄国革命，并且在西方发达国家支持下俄国取得无产阶级革命的胜利。只要我们全面考察马克思、恩格斯关于东方国家特别是俄国社会发展道路的论述，就可以看出跨越卡夫丁峡谷的思想仍然属于马克思、恩格斯共同革命思路的范畴。由于马克思、恩格斯直到晚年都没有看到西方资本主义国家有爆发革命的形势，后来他们就不再研究这个问题了。

因此，对马克思、恩格斯关于跨越卡夫丁峡谷的论断既不要否认，又不要拔高。"不要否认"是指马克思、恩格斯提出的跨越卡夫丁峡谷的论断具有重要的方法论意义，即向社会主义过渡形式存在多样性，不只有西方的道路，这个重要意义是不能否认的。"不要拔高"是指有的观点认为列宁领导的十月革命胜利，就是在马克思、恩格斯跨越卡夫丁峡谷思想指导下取得的，这样的认识就属于拔高。这两种认识都是不符合马克思、恩格斯原意的。当然，我们可以从转义上使用"跨越卡夫丁峡谷"这个典故，正如改革是中国第二次革命的论断，就是从转义上使用革命这个词的。

二、对农民阶级的认识和策略

马克思、恩格斯对农民的阶级属性及其重要作用的认识有个过程，尤其是在总结欧洲几次革命失败的教训和恩格斯晚年对农民问题深入思考后，形成了关于工农联盟等重要思想。

马克思、恩格斯在《共产党宣言》中，主要从资本主义工业化发展视域上分析和认识农民问题。他们认为，农民既是劳动者又是私有者，随着资本主义工业化发展，必然导致农民中绝大多数人破产而落入无产者队伍。这一时期，马克思、恩格斯更多地看到，农民身上存在落后的小生产观念、保守、散漫、无组织等不足。他们认为，农民是落后的小农生产方式的代表，不可能成为先进生产力的代表，他们必然随着大工业的发展而日趋灭亡。同时，他们对农民寄予极大同情，认为农民和无产阶级一样，受到反动统治阶级的残酷剥削。

马克思在总结欧洲几次革命的经验教训尤其是巴黎公社革命失败的教训后，对农民认识发生了很大变化，看到了农民是工人阶级在无产阶级革命中的同盟军，是争取革命胜利不可缺少的力量。马克思在总结1848年法国革命失败教训时明确指出，这次革命没能得到农民支持，是革命失败重要原因之一。"在革命进程把站在无产阶级与资产阶级之间的国民大众即农民和小资产者发动起来反对资产阶级制度，反对资本统治以前"[1]法国革命是不可能胜利的。1851年，马克思已经有了明确的工农联盟思想，他在《路易·波拿巴的雾月十八日》中指出：只要工人、农民联合起来，"无产阶级革命就会形成一种合唱，若没有这种合唱，它在一切农民国度中的独唱是不免要变成孤鸿哀鸣的"[2]。

1《马克思恩格斯选集》第1卷，人民出版社2012年版，第455页。
2《马克思恩格斯选集》第1卷，人民出版社2012年版，第769页。

马克思、恩格斯认为，1871 年巴黎公社革命失败的一个重要原因就是无产阶级没有与农民阶级结成革命的联盟，即使夺取了政权，也难以保住政权。马克思在《法兰西内战》一书中指出，"如果公社治理下的巴黎同外省自由交往起来，那么不出三个月就会引起一场农民大起义"[1]。

恩格斯晚年非常关注德国和法国农民问题，在广泛搜集资料和深入研究欧洲一些国家农民斗争历史的基础上，写了《法德农民问题》。书中充分肯定了工农联盟思想，并且展望了无产阶级夺取政权后应如何对待农民的问题，恩格斯分析了农村各个阶级阶层状况，如小农、农业工人、中农、大农、大土地占有者等，以及无产阶级政党对不同阶级阶层应采取的不同态度。最有意义的是，恩格斯在书中提出未来社会主义社会应在农村实行合作形式，而且认为这个合作形式也有一个从低级转变为高级的趋势和过程。

马克思、恩格斯在《共产党宣言》中论述他们对中间等级的看法时再次谈到了农民。他们认为在社会阶级阶层分化中出现的中间等级即农民、手工业者、小商人、小工业家等，既有保守的一面，又有革命的一面。中间等级有革命的一面是指，"鉴于他们行将转入无产阶级的队伍，这样，他们就不是维护他们目前的利益，而是维护他们将来的利益，他们就离开自己原来的立场，而站到无产阶级的立场上来"[2]。马克思、恩格斯坚决反对把包括农民在内的中间等

1《马克思恩格斯选集》第 3 卷，人民出版社 2012 年版，第 106 页。
2《马克思恩格斯选集》第 1 卷，人民出版社 2012 年版，第 411 页。

级视为“反动一帮”的机会主义观点。

总之，马克思、恩格斯关于农民问题思想既是他们建党学说的重要内容，又是留给后人的宝贵思想财富。

三、对各种非科学社会主义流派和错误思潮的批判

为捍卫无产阶级政党指导思想的科学性和纯洁性，使科学社会主义成为指导国际工人运动的锐利武器，马克思、恩格斯坚决与各种非科学社会主义思潮进行不懈斗争，大大丰富了马克思、恩格斯建党学说。

马克思、恩格斯在科学社会主义诞生的代表作《共产党宣言》中深刻批判了两类（五种）非科学社会主义流派，一类是反动的社会主义，当时它包括以下三种：封建的社会主义、小资产阶级的社会主义和德国的或“真正的”社会主义。另外一类，他们称之为资产阶级或保守的社会主义。马克思、恩格斯运用生产力标准和阶级属性标准，淋漓尽致地揭示了这些社会主义流派开历史倒车、反对社会化生产、维护封建阶级或资产阶级利益的本质，拨乱反正、正本清源，在思想上理论上划清了科学社会主义与非科学社会主义流派的界限。

马克思、恩格斯在《共产党宣言》等著作中也批判了空想社会主义。但是，马克思、恩格斯对待空想社会主义的态度是根本区别于对上述两类非科学社会主义流派的。马克思、恩格斯指出了空想社会主义尤其是 19 世纪三大空想社会主义，是作为资本主义制度批判者出现的。他们无情批判了资本主义社会几乎一切方面的弊端，启发了工人阶级觉悟，他们还天才地预见了未来社会

很多重要的方面，这无疑是科学社会主义重要思想来源。马克思、恩格斯认为19世纪三大空想社会主义者，完全可以称为当时最伟大的天才。当然，马克思、恩格斯也指出了他们致命的缺陷，即在历史观上的唯心主义，因而他们找不到通往未来新社会的道路和实现新社会的依靠力量。

马克思、恩格斯在领导第一国际期间同普鲁东主义、工联主义和巴枯宁主义进行了坚决斗争。普鲁东主义是19世纪中期对工人运动影响较大的小资产阶级社会主义思潮。它主张用小私有制代替资本主义私有制，用小生产来代替社会化生产。普鲁东主义是无政府主义的始作俑者，主张未来社会不应该有任何形式的统治和服从，并提出“打倒政党，打倒政权，一切人和公民绝对自由”等口号。普鲁东主义的出现，反映了在资本主义急剧发展中濒于破产的小资产者的心理状态，对工人运动危害很大。马克思、恩格斯领导第一国际同普鲁东主义进行坚决斗争并且战胜了它，从而捍卫了科学社会主义。

工联主义形成于19世纪五六十年代的英国，是指当时英国工会联合会（简称工联）的领导层所推行的改良主义路线和政策。工联主义崇拜工人运动的自发性，主张劳资合作、鼓吹阶级调和，反对进行政治斗争和推翻资本主义制度，不想从根本上改变工人阶级被奴役的地位。工联主义严重阻碍英国工人运动和国际工人运动朝着正确方向发展。马克思、恩格斯领导第一国际彻底批判了工联主义的错误，并且对英国工联的领导人做了组织处理。

巴枯宁主义继承和发展了普鲁东主义，它在理论上对抗马克思主义，在行动上组织阴谋集团，妄图分裂瓦解马克思、恩格斯领导的第一国际，是第一国际后期活动的主要障碍。巴枯宁主义的理论基础是人性论，巴枯宁从抽象人性出发提出自由与团结，认为社会是对人的自由与团结的破坏，认为国家是对人的自由的否定、对正义的否定和对人的团结的暴力破坏。所以，他主张必须废除一切国家，摧毁一切财产以及废除财产继承权。巴枯宁认为革命是由少数人组成的密谋性质的团体来领导的，由具有“革命本能”的人民群众自发暴动来实现。巴枯宁提出社会革命的目的是成立一个无政府状态的新社会。他反对建立一个以科学理论为指导的和广大群众参加的无产阶级政党。马克思、恩格斯领导第一国际同巴枯宁主义的理论上的错误和组织上的分裂行为进行坚决斗争。1872 年 9 月，第一国际在海牙召开的代表大会决定，把巴枯宁和他的亲信开除出第一国际。

马克思于 1883 年去世后，恩格斯成了第二国际的实际领导人，因为他是“整个文明世界中最卓越的学者和现代无产阶级的导师”[1]。第二国际时期欧洲资本主义处于相对和平的发展时期。恩格斯根据新的历史条件的变化，在继续坚持暴力革命的重要性必要性的同时，提出无产阶级政党的策略要根据变化了的形势进行调整，要尽可能地利用普选制为无产阶级争取利益，指出不排除在一定条件下通过和平合法途径来实现社会革命并取得政权的可能性。恩格斯讲的一定条件就是指坚持科学社会主义基本原则和共产主义奋斗目标。

1《列宁选集》第 1 卷，人民出版社 2012 年版，第 88 页。

在恩格斯指导下，第二国际制定了一系列方针政策，开展了各种形式的斗争。比如，领导和发动工人阶级开展经济斗争，引导和支持工人阶级进行灵活多样的政治斗争，领导和开展了妇女解放运动等。这一时期，恩格斯也敏锐地看到了在第二国际和欧洲社会党内开始滋长机会主义思想，并采取措施努力纠正党内出现的这个错误倾向。恩格斯于 1890 年公布了马克思在 15 年前写的《哥达纲领批判》和有关信件，恩格斯在信中表明了坚决反对拉萨尔机会主义的鲜明态度。恩格斯还亲自修改德国社会民主党的纲领草案（亦称《爱尔福特纲领草案》），肯定了纲领草案中好的地方，同时也指出要警惕和防止重犯“和平长入资本主义”的机会主义错误。

1883 年 3 月，马克思去世。恩格斯在《马克思墓前的讲话》中指出：“我可以大胆地说：他可能有过许多敌人，但未必有一个私敌。”[1]马克思、恩格斯一生为捍卫科学社会主义在国际工人运动中的指导地位，维护革命理论特别是捍卫无产阶级建党学说的先进性而努力，保证了无产阶级政党能够沿着正确方向前进，同形形色色的错误思潮和非科学社会主义流派进行了不懈斗争，在这个过程中形成和发展了马克思、恩格斯建党学说，这是马克思主义理论宝库中的瑰宝，是留给后来共产党人珍贵的思想财富。

1《马克思恩格斯选集》第 3 卷，人民出版社 2012 年版，第 1004 页。

第二章
列宁对马克思、恩格斯建党学说的坚持和发展

列宁不仅是一名无产阶级革命家、政治家，还是一名伟大的思想家、理论家。高度重视党的建设是列宁从事革命活动最显著的特点。因此，党的建设理论在列宁主义中占有重要地位，是列宁主义重要组成部分。列宁在帝国主义与无产阶级革命时代开创了经济文化落后国家建立新型无产阶级政党以及执政的先例，并且坚持和发展了马克思、恩格斯建党学说，形成了与马克思、恩格斯建党学说一脉相传、与时俱进的党建理论，即列宁新型无产阶级政党理论。

第一节　列宁创建新型无产阶级政党的实践

马克思、恩格斯认为：无产阶级要实现推翻资本主义社会、建立社会主义社会并最终实现共产主义社会的理想，必须建立起无产阶级政党。它能肩负起打碎旧世界、建立新世界的历史使命。无产阶级政党是区别于其他所有政党的先进政党。它的特殊性在于：摆脱了其他所有政党的不良影响，在政治方面、思想方面、组织方面，同资产阶级、小资产阶级政党以及非科学社会主义流派坚决划清界限。以列宁为代表的俄国马克思主义者勇敢地承担并完成了这个历史任务。

1883年9月25日，普列汉诺夫等五位革命青年在瑞士日内瓦成立了俄国第一个马克思主义团体——“劳动解放社”。列宁于1889年、1893年在萨日拉、彼得堡等地也建立了俄国马克思主义小组，这有利于促进马克思主义与俄国工人运动相结合。为了批判“民粹派”政治纲领和理论观点，列宁撰写了《“什么是人民之友”以及他们如何攻击社会民主党人》，论述了“民粹主义”不是“人民之友”，而是人民之敌，论述了无产阶级是先进阶级，第一次明确提出了在俄国建立无产阶级政党的任务。为了进一步批判“民粹主义”和揭露“合法马克思主义”的资产阶级改良主义面目和实质，列宁撰写了《民粹主义的经济内容及其在司徒卢威先生的书中受到的批评（马克思主义在资产阶级著作中的反映）》（1894年底～1895年初）。同时，列宁指出俄国马克思主义者当前的基本任务是把分散的马克思主义小组联合成为统一的无产阶级政党。

在批判“民粹主义”和“合法马克思主义”、宣传马克思主义的过程中，列宁加快了组织上的建党工作。1895 年，彼得堡 20 多个马克思主义小组被列宁整合统一为彼得堡“工人阶级解放斗争协会”。“协会”不再单纯地传播马克思主义，而且领导了托伦顿厂工人罢工和彼得堡三万纺织工人大罢工，把争取无产阶级经济利益的斗争同反对专制统治的政治斗争相联系起来，完成了马克思主义与俄国工人运动结合起来的任务。彼得堡“工人阶级解放斗争协会”，是俄国无产阶级政党前身。在这个“协会”影响下，莫斯科等很多城市建立了类似的组织，这就为在俄国建立起新型的无产阶级政党准备了条件。

1898 年，“工人阶级解放斗争协会”在彼得堡、莫斯科、基辅等地进行了建党尝试。同年 3 月，俄国社会民主工党第一次代表大会在明斯克召开了。党虽然成立了，但实际上并没有建立起来，当时党内思想混乱，没有党纲和党章，没有坚强的中央领导，也没有建立起来党的组织系统。

俄国马克思主义者在建党时出现意见分歧。一种意见认为，应从组织上入手，马上召开“二大”把党尽快建立起来。列宁不赞成这个观点，列宁认为在“二大”召开之前，必须与各种非科学社会主义思想划清界限，把思想统一到马克思主义上来，“在统一以前，并且为了统一，首先必须坚决而明确地划清界限”[1]。同经济派的斗争，是列宁从政治上思想上建党的重要工作。经济派实质上是俄国的伯恩斯坦主义，它对建设俄国新型无产阶级政党有很大的危害。

1《列宁选集》第 1 卷，人民出版社 2012 年版，第 309 页。

1900年，列宁创办了全俄政治报《火星报》，并在这个报上宣传马克思主义建党学说，批判机会主义观点。1902年，列宁发表了《怎么办——我们运动中的迫切问题》这是列宁新型无产阶级政党建设的理论代表作。列宁在书中批判了俄国经济派崇拜工人运动自发性的错误，论证了马克思主义与工人运动相结合的必要性和重要性。同时，列宁批判了改良主义谬论，指出经济派把工人运动的目标仅仅限制在经济斗争范围的自发论的错误观点，阐明了政治斗争和经济斗争的辩证关系，论证了为使工人运动沿着正确的方向发展，必须建立起以革命家组织为核心的严整统一的无产阶级政党。

1903年7月至8月间，俄国社会民主工党“二大”召开，大会的主要议题是制定什么样的党纲和党章，以及选举党的中央领导机构。但是，大会在讨论党章第一条即什么人可以成为党员这个问题时，爆发激烈的争论，形成了两个根本对立的条文。可是，在付诸大会表决时，马尔托夫的条文获得了通过，这是俄国社会民主工党“二大”的一个重大缺陷，表明无产阶级政党的建设的道路注定是不平坦的。但是，这次会议在选举中央委员会和《火星报》编辑部人选时，拥护列宁的人占多数，被称为布尔什维克。反对列宁的机会主义者占少数，被称为孟什维克。

2018年1月5日，习近平总书记在学习贯彻党的十九大精神研讨班开班式上的重要讲话中谈到了当年俄共这段历史。他说：“1903年，在俄国社会民主工党第二次代表大会上，列宁和马尔托夫针对党的组织问题产生了意见分歧。

马尔托夫主张实行‘自治制’，认为党员可以不参加党的组织，这实际上是想建立一个‘党员俱乐部’。列宁则主张党员必须参加党的组织，并按照地方服从中央、下级服从上级、少数服从多数的原则来建党。对此，孟什维克攻击列宁是实行‘专制主义’作风。”[1]

列宁于1904年5月发表了《进一步，退两步——我们党内的危机》一书，反击了孟什维克的进攻。他首次系统地论述了新型无产阶级政党的组织路线，批判了孟什维克以及第二国际在组织问题上的机会主义谬论，坚持和捍卫了马克思主义建党学说。

1905年革命，孟什维克和布尔什维克制定了各自的政治路线。孟什维克主张放弃党对资产阶级革命的领导权，反对暴力革命，主张走议会道路。布尔什维克主张坚持党对资产阶级革命的领导权，通过暴力革命建立工农民主专政，把资产阶级性质革命转变为社会主义性质革命。7月，列宁发表了《社会民主党在民主革命中的两种策略》(简称《两种策略》)，批判了孟什维克的机会主义政治路线，全面论述了布尔什维克的政治路线。在列宁看来，能否建立一个能够领导革命的新型无产阶级政党是决定性因素。要实现党对民主革命的领导，必须根据新的时代条件和俄国革命实际，制定一条科学的政治路线。《两种策略》从理论上武装了全党，为党的政治建设奠定了基础。

在列宁领导下，布尔什维克党同孟什维克党进行了长期斗争，在这个过程

1 习近平：《推进党的建设新的伟大工程要一以贯之》，《求是》2019年第19期。

中马克思主义深入人心，布尔什维克党的队伍日益壮大，这时建立新型无产阶级政党的条件已经成熟。1912 年 1 月，俄国社会民主工党第六次代表会议在布拉格召开。布拉格会议充分肯定了布尔什维克党的策略路线，选举了以列宁为首的新的中央委员会，会议决定把孟什维克开除出党，从而结束了俄国社会民主工党党内布尔什维克和孟什维克形式上联合的局面，布尔什维克党至此由原来党内的一个重要派别发展成为一个独立的新型的无产阶级政党。这标志着列宁主义建党理论已经形成，标志着马克思主义政党建设的历史已经掀开了新的篇章。

第二节　列宁新型无产阶级政党理论的基本要义

作为伟大的马克思主义者和无产阶级政党缔造者的列宁，在领导布尔什维克党和俄国人民发动伟大十月革命和探索社会主义建设过程中，创造性地把马克思、恩格斯建党学说运用于俄国和俄共（布）党的建设实际中，形成了列宁新型无产阶级政党理论。这个理论内容丰富，主要体现在以下几部党的建设代表作中，例如《怎么办——我们运动中的迫切问题》《进一步，退两步——我们党内的危机》和《共产主义运动中“左派”幼稚病——马克思主义战略和策略通俗讲话的尝试》等名篇，散见于列宁的讲话和书信里，对此，需要进行全面的梳理和总结。

一、必须坚持共产党的先进性

列宁是马克思主义的卓越继承者和忠实捍卫者。他深知马克思、恩格斯对制定正确党纲的重视和对共产党员标准的要求，而这两条都关系到共产党的先进性。马克思、恩格斯在《共产党宣言》中表述了这个深刻思想：共产党的阶级基础是工人阶级，但是共产党不同于一般工人阶级组织，根本区别有两条：一是共产党是以科学社会主义理论为指导，二是共产党员是各国工人运动中的优秀分子。

列宁深刻地指出："没有革命理论，就不会有坚强的社会党。"[1]"只有以先进理论为指南的党，才能实现先进战士的作用。"[2]列宁这些经典名言足以说明革命的先进的理论对于党的建设的极端重要性。

1903 年初，列宁同马尔托夫关于党章第一条的争论，表面上看似乎是围绕共产党员要不要参加党的一个组织，实质上是涉及共产党先进性这个根本问题。19 世纪末 20 世纪初，世界进入了帝国主义和无产阶级革命时代。当时，俄国几乎是帝国主义一切矛盾的焦点，无产阶级革命在俄国已经成为直接实践的问题，要使无产阶级革命取得最终胜利，首要而迫切的任务是要在经济文化比较落后的俄国建立一个新型的无产阶级政党，即马克思主义政党。这样的党是一个布尔什维克党（当时称为俄国社会民主工党）。历史上第一次俄国社会民主工党全国代表大会没有把各地方性组织团体集中为统一整体，也没有形成具有标志性意义的党纲和党章等，但是它毕竟宣告了俄国社会民主工党的诞生，并且为第二次全国代表大会准备了条件，这是一个具有历史性的开端。

1《列宁选集》第 1 卷，人民出版社 2012 年版，第 274 页。
2《列宁选集》第 1 卷，人民出版社 2012 年版，第 312 页。

在此之后即1903年，俄国社会民主工党第二次全国代表大会先在布鲁塞尔后转移到伦敦召开。这次代表大会的历史意义在于按照列宁提出的建党计划，通过了马克思主义的党纲和党章，在俄国建立起了工人阶级先锋队组织——新型无产阶级政党，而这一切都是在列宁领导和指导下实现的。但是，在讨论党章时，列宁与马尔托夫发生了激烈争论。马尔托夫竭力反对把无产阶级专政问题列入党纲，争论的焦点集中于党章开篇第一条，即究竟什么样的人可以成为先进的共产党的一员。在这个关键问题上，列宁坚决主张在俄国要建立一个统一集中的有严格组织性和纪律性的无产阶级政党。据此，列宁提出共产党员必须消除手工业方式、小组习气、组织上涣散和缺乏纪律性等不良现象，认为只有根据无产阶级所固有的铁的纪律原则组建起来的政党，才能在革命斗争历史进程中发挥无产阶级司令部的先进作用。以上述原则作为出发点和归宿，列宁郑重提出了党章第一条："凡承认党纲、在物质上支持党并亲自参加党的一个组织的人，可以作为党员。"[1]马尔托夫坚决反对列宁的主张，他提出："凡承认党纲、并在党的机关监督和领导下为实现党的任务而积极工作的人，可以作为俄国社会民主工党党员。"[2]这样的党实际上是一个组织涣散、没有纪律约束、毫无战斗力的松散的俱乐部。

从表面上看，列宁与马尔托夫的分歧在于党员是否需要参加党的一个组

1《列宁全集》第8卷，人民出版社2017年版，第238页。
2《列宁全集》第8卷，人民出版社2017年版，第238页。

织。然而，实际上这里却包含着原则性的分歧，因为它涉及一个重大原则问题即是否要坚持共产党的先进性。列宁在1904年写的《进一步，退两步——我们党内的危机》中，严厉批驳了马尔托夫的错误观点，全面论述了布尔什维克的政党建设思想，尤其是阐述了坚持共产党的先进性这个原则问题。

列宁关于必须坚持共产党先进性的思想，在他同俄国经济派的斗争中也体现得非常充分。在布尔什维克建党初期出现了俄国经济派，他们十分推崇工人运动的自发倾向，反对向工人运动灌输社会主义意识形态，忽视党对工人运动的领导，否定建立统一集中的无产阶级政党的必要性。列宁坚决同俄国经济派进行斗争，他在《怎么办——我们运动中的迫切问题》中系统地批判了经济派错误观点。列宁从实际和理论两个方面论述了革命理论对布尔什维克党进行斗争的极端重要性。列宁指出：工人不可能有社会主义意识，工人阶级单靠自身的力量只能形成工联主义，社会主义意识“只能从外面灌输进去”。列宁还警告：崇拜自发性就是把工人运动纳入资产阶级思想体系，崇拜自发性就是取消和反对共产党的先进性。对此，必须坚决斗争。

二、必须坚持党的民主集中制

纵观布尔什维克党的历史，虽然在不同时期和阶段，列宁在辩证阐述民主与集中的关系上，强调的侧重点有所不同，但是，毋庸置疑的是列宁始终强调和坚持民主集中制。在列宁看来，民主集中制的实质在于民主制和集中制的统一，显而易见，它既区别于官僚主义集中制，又区别于无政府主义，是新型无产阶级政党必须坚持的根本原则。因此，列宁精辟地指出："要实行彻底的集中制和坚决扩大党组织内的民主制。"[1]

那列宁倡导的民主集中制有什么特点？这可以从两方面来认识。首先，从民主制方面看，这其实是一种间接民主制，列宁称之为"民主代表制"，其特点可以用3句话加以概括。第一，实行选举制，即权力机关是由民主选举产生的，对人民负责。第二，实行集体领导制，权力机关集体决定重大问题，领导集体共同行使权力。第三，遵循少数服从多数的原则，体现大多数人的意志和利益。由此可见，这3个特点是"民主代表制"的本质要求，它们环环相扣形成了权力体系：第一步是权力机关的构成形式，第二步是权力机关的运行形式，第三步是权力机关的运行原则。

其次，从集中制方面看，列宁主张的集中制，可以说是集权型的基本架构。"集中制"的概念或理念是列宁在同联邦制、自治制等错误思潮做斗争中产生的，"部分服从整体，少数服从多数，下级服从上级"是列宁对它的通俗化表达。其中"部分服从整体"和"少数服从多数"是集中制的基本原则，二者语义相近、内涵一致，所以列宁有时交替使用。而"下级服从上级"则是"部分服从整体"和"少数服从多数"的表现形式。

当然集中制绝不是专制。列宁强调集中制的这3句话（部分服从整体，少数服从多数，下级服从上级）主旨是服从，但是党的集中制所要求的服从，与

1《列宁全集》第11卷，人民出版社2017年版，第325页。

其他集中制，例如君主集中制所要求的服从，是截然不同的。党的集中制所要求的服从是建立在发扬党内民主基础上的，因此，列宁曾把党的集中制纪律浓缩为："行动一致，讨论和批评自由。"[1]这两句话说明在党的决议正式通过之后，党内少数要同党内多数在行动上必须保持完全一致，但党内少数有权对决议提出不同的看法甚至批评。

由此出发，规定贯彻民主集中制的基本要求有以下 4 点：贯彻民主制的基本要求、贯彻集中制的基本要求、民主制和集中制的相互关系、民主制和集中制如何有机结合起来加以贯彻。正因为由列宁首创和主张的民主集中制具有上述特点，所以列宁十分强调纪律的作用，列宁认为如果没有纪律，铁的纪律，别说民主集中制无法实行，甚至整个党都要失败。列宁在总结布尔什维克党的历史尤其是国内战争时期经验时指出："如果我们党没有极严格的真正铁的纪律，……那么布尔什维克别说把政权保持两年半，就是两个半月也保持不住。"[2]

那么，新型无产阶级政党"铁的纪律"是靠什么来维持、检验和加强的呢？第一，可以依靠布尔什维克党的忠诚和觉悟，以及广大党员的革命英雄主义和自我牺牲的精神。第二，可以依靠布尔什维克党善于联系广大群众，与广大群众"打成一片"。第三，可以依靠布尔什维克党正确的政治领导、科学的

1《列宁全集》第 14 卷，人民出版社 2017 年版，第 121 页。
2《列宁选集》第 4 卷，人民出版社 2012 年版，第 134–135 页。

战略策略，以及群众的信任和支持。那么，也只有经过长期努力和艰苦实践才能产生纪律。列宁回顾了19世纪40～90年代这半个世纪，在沙皇专制制度的精神压迫、政治统治下，俄国思想理论界艰难地追寻科学理论，饱经苦难后找到了马克思主义，历尽曲折后建立了新型无产阶级政党。

1903～1917年，这个新型无产阶级政党领导广大人民采取了各种斗争形式进行革命斗争，其中有地下的和公开的斗争形式、合法的和不合法的斗争形式、小组的和群众的斗争形式、和平的和激烈的斗争形式、议会内的和议会外的斗争形式，这造就了俄国布尔什维克党具备极其严格的铁的纪律的特征。

从俄国是一个小生产者占多数的国家的社会状况出发，列宁得出结论：小资产阶级的自发势力从四面八方向无产阶级袭来，涣散性、懦弱性、个人主义弥漫冲击着无产阶级革命队伍。为了有效抵制小资产阶级自发势力，新型无产阶级政党必须实行高度的集中制和极严格的铁的纪律，列宁认为这是新型无产阶级政党强大起来的良方妙药。

三、要同党内存在的错误倾向做坚决斗争

列宁一生同形形色色的错误思潮及其代表人物做坚决斗争，列宁把这些错误思潮归结为两种倾向即“左”的和右的错误，列宁在同这两种倾向做斗争中形成了两条战线斗争的思想。

党的团结问题，是列宁极为重视的问题，“党的团结”这一问题对于党的最低纲领和最高纲领的实现意义重大。在列宁看来，革命无产阶级之间的亲密团结，无论对于尽快地实现最终目标——共产主义，还是仅仅对于眼前的经济和政治的斗争，都是绝对必要的。但是，党的团结并不是无原则的，同错误倾向做斗争是实现党的团结的重要途径。在总结布尔什维克党历史经验教训的基础上，列宁提出两条战线斗争的理论。列宁认为这就是“在适当的应有范围内”进行党内斗争。

前已论及，在俄国新型无产阶级政党建立初期，列宁同马尔托夫展开了一场关于党员入党标准的争论，当时列宁还没有把这次争论提升到两条战线斗争的理论高度。而到了 1907 年 4 月，列宁在《约·菲·贝尔克等致弗·阿·左尔格等书信集》俄译本序言中指出：“但是不知道马克思主义创始人怎样经常不断地同该党‘右翼’（恩格斯的说法）做斗争。”[1]这里，列宁使用了恩格斯的重要提法，即共产党内存在着“右翼”。列宁在同党内的修正主义分子波格丹诺夫等做斗争时，从理论上，彻底批判了波格丹诺夫等用马赫主义哲学全面修正马克思主义哲学的错误。在这次斗争中，列宁将党内的错误政治思想划分为“左”和右两种倾向，并把将两种错误倾向的斗争归纳和概括为“两条战线的斗争”。

1908 年 4 月，列宁在《马克思主义和修正主义》一文中非常明确地强调了不仅有“来自左面”的修正主义，还有“来自右面”的修正主义，这是两种错误政治思潮。第二年，列宁在《〈无产者报〉扩大编辑部会议文献》一文中指

1《列宁选集》第 1 卷，人民出版社 2012 年版，第 721 页。

出：我们的当前任务“就是同两种取消主义，即右的取消主义和左的取消主义进行斗争”[1]。其后，列宁在《取消派的手法和布尔什维克的护党任务》中指出，我们党内已经形成了两翼，一翼是孟什维克取消派，另一翼是召回派——最后通牒派。据此，列宁提出了要“在这两翼进行斗争”，即在两条战线上进行斗争的思想，并把它定位成一项中心任务。

十月革命胜利后，列宁在《苏维埃政权的当前任务》一文中提出了一个重要论断：当前苏维埃俄国已进入了一个历史转变的时期。党和苏维埃政权的根本任务是提高劳动生产率和管理国家。但是，党内“左派共产主义者”公然反对列宁工作重心转移的思想，认为这是“放弃阶级斗争”的表现，是右倾等，他们还坚决反对列宁吸收资产阶级知识分子参加工作的方针。列宁指出：如果不及时对这种“左”倾思潮进行严厉批判，党的工作重心就无法实现转移，经济建设工作就无法实现。据此，列宁的《论“左派”幼稚性和小资产阶级性》应运而生，有力地驳斥了这种“左”倾思潮。

战时共产主义政策向新经济政策转变的争论，这是列宁与“左”倾错误思潮在经济问题上进行的第二个回合的斗争。战时共产主义政策，从1918年开始实施，到1920年列宁发现它不适合当时俄国的情况了，俄共（布）正酝酿用一种新经济政策来代替它。这种转变当然是一种根本性的战略转变，从而引起了俄国各个社会阶层的连锁震动。在党内集中表现为以列宁为首的布尔什维

1《列宁全集》第19卷，人民出版社2017年版，第6页。

克党中央与“左”倾思潮以及“左”倾反对派的激烈斗争。

1921 年 3 月召开的“俄共十大”通过了“关于以实物税代替余粮收集制”的决议，这是开始实施新经济政策的标志。对于新经济政策，党内有很多不同的声音。为了统一思想、贯彻决策，列宁顽强地与党内“左”倾反对派做斗争。首先，分析和说明战时共产主义政策。他在《十月革命四周年》一文中反思道：现实生活说明我们错了！这是因为在一个小农国家里，不能用直接下命令的办法调整生产和分配。其次，批判了“左”倾反对派，论述了新经济政策。当时，“左”倾反对派一方面唱颂战时共产主义，要求继续执行战时共产主义政策；另一方面，讽刺新经济政策具有“农民倾向”。而列宁则认为不和农民群众建立良好的关系，无产阶级政权就无法存在。

“左”倾反对派诽谤粮食税改革意味着走资本主义道路。对此，列宁认为：为了要提高劳动生产率，农村工作“必须以农民对个人利益的关心为基础”。粮食税改革客观上促进了小农经济的发展，列宁不否认，这样会在一定程度上导致资本主义的发展。关键是“不要害怕资本主义”，这是因为俄国苏维埃政权对地主阶级和资产阶级进行了经济剥夺，并为社会主义经济发展提供了政治保障，所以资本主义发展的范围既是有限度的又是十分狭隘的。综上所述，列宁的斗争，确保了新经济政策的贯彻。

列宁在总结领导国际共产主义运动实践基础上，对在两条战线上进行斗争作出了新的概括。在十月革命的影响和推动下，世界上很多国家成立了共产党和共产主义组织，他们都加入了共产国际（是在 1919 年 3 月成立）。在革命形势发展过程中难免泥沙俱下、鱼龙混杂。这其中包括原第二国际的一些政党，他们的机会主义立场使共产国际内部存在右倾危险。也包括西欧年轻共产党人或组织，他们缺乏斗争经验、痛恨机会主义，产生了“左”倾思想。针对这一历史背景，1920 年 4 月至 5 月间，列宁集中时间撰写了《共产主义运动中的“左派”幼稚病》。此书客观分析了当时国际共产主义运动的态势，系统论述了马克思主义党建理论及其战略、策略问题，严厉批判了“左”、右倾两种思潮，同时归纳总结了两条战线斗争的主要内容。列宁认为“左”、右倾向可以相互补充，甚至在一定条件下相互转化。一切国家的无产阶级都要进行两条战线的斗争，反右时要注意防“左”，反“左”时要注意防右；布尔什维克党是在两条战线斗争中得以发展和成熟的，这是马克思主义政党发展壮大的基本规律；开展两条战线的斗争要考虑具体特点和从本国的实际情况出发等。这表明列宁的两条战线斗争的理论已经基本成熟，这个理论具有重要的理论价值和现实意义。

四、要维护党中央和党的领袖的权威

20 世纪 20 年代，德国共产党内出现了“左派”幼稚病。他们的“病症”表现为否定无产阶级政党的领导作用和领袖的权威，他们错误地提出“领袖的党”“群众的党”的概念，错误认为革命斗争需要依靠“群众的党”等。列宁深刻分析了“左派”幼稚病产生的原因，并且从唯物史观高度对群众阶级政党和领袖及其相互关系作了经典的阐述。

我们来看看列宁的经典论述："群众是划分为阶级的"，"阶级是由政党来领导的；政党通常是由最有威信、最有影响、最有经验、被选出担任重要职务而被称为领袖的人们所组成的比较稳定的集团来主持的"[1]。在列宁看来，把政党与领袖、群众与领袖对立起来是巨大的错误和极为荒谬的。根据列宁的论述，只有到了共产主义的高级阶段，阶级被消灭，作为阶级斗争工具的政党才能消亡。然而在无产阶级专政时期，阶级和阶级斗争仍然存在，无产阶级政党仍然存在，因此，必须要充分发挥它的重要作用。列宁充分阐述了维护党中央和党的领袖的权威的极端重要性。1921 年 8 月 14 日，列宁在《给德国共产党员的一封信》中指出："造就一批有经验、有极高威望的党的领袖是一件长期的艰难的事情。但是做不到这一点，无产阶级专政、无产阶级的'意志统一'就只能是一句空话。"[2]

"左派"幼稚病的症候在于反对党中央和党的领袖的权威，对此，必须进行坚决的斗争，列宁还提出了医治"左派"幼稚病的 4 条原则。第一，在成长、壮大和走向胜利的共产主义运动中，一切国家的无产阶级都要进行两条战线的不懈斗争，首先且主要是同机会主义和社会沙文主义做不懈斗争；其次是同"左"倾共产主义做不懈斗争。这两条战线的斗争同样存在于国际范围内，

1《列宁选集》第 4 卷，人民出版社 2012 年版，第 151 页。
2《列宁全集》第 42 卷，人民出版社 2017 年版，第 108 页。

各国工人运动只有经过这两条战线的斗争才能走向成熟。第二，无产阶级需要在国际共产主义运动中建立领导革命中心。第三，无产阶级先锋队在思想上和政治上彻底战胜机会主义和社会沙文主义、肃清“左”倾学理主义错误，在思想上要坚定地站稳立场。第四，共产党人应当把原则的坚定性与策略的灵活性结合起来，把对共产主义的信仰同实际的斗争结合起来，包括通融、妥协、迂回、机动、退却等各种能力，这是取得革命最终胜利的必备条件。

五、要坚持党在国家和社会生活中的领导地位

坚持和实现党在国家和社会生活中的领导，这是一条根本原则。列宁从多个角度论述了这个重要问题。

首先，党是“无产者阶级联合的最高形式”，决定了党的领导地位。自从无产阶级走上历史舞台以后，在斗争中成立了许多组织，如工会、合作社、国会党团、文教组织、青年和妇女团体等，这些组织都是需要的，而且有各自不同的职能，它们从各个不同的方面为无产阶级和劳动人民的利益而斗争。在列宁看来，党是“无产者阶级联合的最高形式”。这是因为：共产党是工人解放运动发展到自觉阶段的必然产物。马克思主义与工人解放运动相结合，推动了工人解放运动从自发到自觉的飞跃，一批具有共产主义觉悟的人根据实现无产阶级历史使命的需要，组建成立了无产阶级政党，这是比其他工人阶级更高级的联合形式。因此，作为阶级联合的最高形式的无产阶级政党在政治上具有统一领导其他组织的职责和作用，政治上、思想上的先锋队同组织上的“最高形式”是内在统一的，这决定了党在政治上、思想上和组织上的领导作用也是内在统一的。

其次，无产阶级专政的性质和任务决定了共产党的领导地位。无产阶级专政需要对旧社会的传统和势力进行艰苦斗争，即有革命战争时期流血的、暴力的、军事的斗争，也和平建设时期经济的、教育的和行政的斗争。在社会主义建设时期，只有坚持和巩固党的领导，无产阶级专政才能完成其任务，有序地推进各方面工作，从而才能取得最后的胜利。

最后，布尔什维克党的领导地位是在历史发展中自然形成的。布尔什维克党从诞生之日起就肩负起领导俄国人民进行伟大斗争的任务，没有布尔什维克党的领导就没有社会主义苏维埃国家和制度的建立，在几十年斗争中布尔什维克党赢得了先锋队地位。十月革命后，要不要坚持布尔什维克党的领导，众说纷纭。列宁曾设想过布尔什维克党领导下的多党合作，却遭到了孟什维克和社会革命党人的强烈反对。党内反对派振振有词鼓吹无政府主义和工团主义，列宁力挽狂澜提出“党是直接执政的无产阶级先锋队，是领导者”[1]。

如何实现党对国家政权的领导，关键一环在于能否正确处理党政关系。执政党如何处理同国家政权的关系，关系到能否正确实现党的领导作用和能否充分发挥政权职能的问题。正确处理党政关系是实现党的先进性的一个重要的政治途径。列宁对“无产阶级专政体系”这一科学概念的论述，是正确区分和

1《列宁选集》第 4 卷，人民出版社 2012 年版，第 423 页。

处理好党政关系的理论依据。列宁指出，无产阶级专政是一个由若干齿轮组成的复杂体系，党是它的“指导力量”，苏维埃是新型的国家机关，工会是工人阶级群众性组织，是联系党和群众的纽带和“传动装置”，党是通过“传动装置”起领导作用的。这三种不同性质的组织所处的地位和作用不同，但缺一不可，不能相互替代。列宁处理党政关系的基本原则主要有 3 点：第一，苏维埃政权由工人阶级执政党来领导。第二，党的领导作用要通过苏维埃来实现。第三，注意发挥苏维埃政权的积极性，不能以党代政。

六、要发展党内民主

列宁认为党内民主内容丰富，几乎涉及党的建设的各个环节，涉及党内生活的各种关系。列宁论述了党内民主的内涵、特征与功能。

（一）党内民主的丰富内涵

党内民主是一种政党形式，一种政党形态。因此，一方面，布尔什维克党同任何政党一样，需要维护党的团结统一。另一方面，党内民主意味着党员一律平等，党员都有决定政党制度和管理政党的权利。

1. 党内民主是一种精神。党内民主是一种平等精神、自由精神。列宁曾明确指出：“民主意味着平等”，意味着广大党员在一律平等和毫无例外的条件下来处理党内事务。列宁领导俄共（布）第九次代表会议通过了《关于党的建设的当前任务》的决议，系统阐述了党内不平等现象的产生原因、种种表现、严重危害和消除不平等现象的实际措施。决议提出：党的建设的当前任务是“全党注意争取进一步实现平等”，而消除不平等现象的路径，就是以党内平等带动无产阶级内部平等以及劳动群众内部平等，然后推动主管部门和工作人员之间平等，特别是专家和工作人员、群众之间的平等。决议建议成立专门委员会来消除不平等。列宁在《进一步，退两步——我们党内的危机》一文中，号召广大党员要学会要求“上层人物”履行党员的义务。领导干部不是特殊党员，是广大党员的公仆。党内民主意味着自由精神，主要体现为讨论自由与批评自由。广大党员享有讨论自由，主要体现在：第一，对党内重大问题享有讨论的自由。极重要问题和与群众行动有直接关系的问题必须征询全体党员意见。第二，在适宜场合享有提建议和提议案的自由。党员有提出建议、意见和主张的自由。第三，享有向领导递条、提问和质询的自由。第四，在规定的范围内享有与领导讨论的自由。党员可以给中央写信直抒胸臆，可以在《争论专页》上开展广泛、自由的讨论。

2. 党内民主是一种原则。党内民主是一种政治原则，是无产阶级政党的应有属性。在党的建设中，列宁将民主原则和集中原则有机统一起来，首创了民主集中制。把民主集中制作为无产阶级政党的组织原则。民主集中制的首要原则就是少数服从多数。列宁认为，一切党组织和一切委员制机构需要按照少数服从多数原则表决。《联共（布）党史简明教程》把民主集中制精练成 3 条原则：少数服从多数，各个组织服从中央，下级组织服从上级组织。当然，多数也要保障少数。列宁提出，在党章中要有保障少数人权利的规定。党内民主集中制规范了党员之间，党员与组织之间，组织与组织之间的内在关系。民主集中制是处理党内各种矛盾和理顺党内各种关系的准则。第一，就组织内部授权关系而言属于等级授权。党员直接授权给党的基层组织，基层组织再给上一级组织，如此类推，等级授权。第二，就政党各要素连接方式而言属于严密的组织系统。党员必须参加党的一个基层组织。同一个地区的若干基层组织组合成党的地方组织。党的地方组织统一接受党中央的领导。下级绝对服从上级。第三，就政党内部领导体制而言强调代表大会的权威地位。党团（党组）听从于党的代表大会。

3. 党内民主是一种权利。党员是构成党组织的细胞，是党内生活与党内事务的权利主体。党员充分享有党内权利，是党内民主运行的法权基础。1905 年革命赢得建党的自由。列宁要求按照民主原则建党，坚持了党员主体地位，广大党员民主讨论和民主决策党内事务、党的战略方针和无产阶级政治运动问题。党员享有党章和党内法规所规定的各种权利，譬如选举权、罢免权、监督权、决策权、讨论权、批评权、申斥权和知情权等。

4. 党内民主是一种制度。列宁在领导俄共（布）实践过程中，初步构建了党内民主制度体系。这一制度体系是根据章程和党内法规，以民主集中制为核心，由选举制度、报告制度、党的各种会议制度、监察制度、集体领导制度等组成。选举制度是广大党员直接行使民主权利、参与党内事务管理的重要体现。选举制是从根本上规范领导者和广大党员的基本关系，是民主集中制在选举工作中的具体体现。党的各种会议是党员参与民主讨论、民主决策的重要形式，是民主集中制在讨论与决策环节的基本体现。报告制度和监察制度是广大党员进行民主监督、防止个人专断的主要形式，是民主集中制在监督检察工作中的具体体现，体现了党内民主与自我调控的规律。集体领导制是无产阶级政党的最高原则，是民主集中制在党的领导活动中的具体体现。各种具体制度以民主集中制为枢纽，互相影响，互相作用，形成党内民主制度网络。

5. 党内民主是一种工作作风。无产阶级政党在初创时期，党内民主的规章制度不健全，党内民主制度建设不完善。领袖的工作作风在此时尤为重要。在某种程度上可以说，领袖的工作作风为政党奠定了基调。领袖作风民主，党内民主就能发扬好；领袖作风不民主，党内民主就发扬不好。而列宁带头进行民主决策，严格遵守代表大会决议。即便列宁处于少数人地位，他也会耐心阐述、言明利弊，从不独断，绝不专行。列宁力求在民主决策中实现科学决策，促成民主决策与科学决策的统一。同时，列宁宽容与其有过激烈争执的党员，原谅犯过严重错误的党员，容许他们在党内担任要职，如托洛茨基、布哈林、季诺维也夫和加米涅夫等。

（二）党内民主的基本功能

1. 党内民主是维护党的团结、协调和统一的重要前提。无产阶级政党的团结统一。首先是建立在马克思主义基础之上的思想的高度一致，其次是组织上的行动的高度一致。而党内民主既是思想统一也是组织统一的重要前提。

1922年，列宁领导俄共（布）第十一次代表大会通过了《关于党的建设的组织问题的实际建议》。这个决议开门见山地把增强党内的团结、协调和统一作为党的组织建设的首要任务。决议针对党内存有争执、争吵、纠纷、摩擦、敌视和报复等情况，提出各地党委会重要任务是“要善于同滥用、歪曲党内民主不良倾向进行斗争”，同挑起党内争端的各种现象和行为做斗争，要把这种斗争和实行真正的党内民主结合起来。正确发扬党内民主，开展广泛的讨论和自由的批评，能够消除党员意见分歧，达到新的基础上思想统一。

2. 党内民主是党的科学决策的重要条件。科学决策是指决策内容符合客观规律。决策的科学与否直接关系到无产阶级政党的生死存亡，直接关系到社会主义革命和建设的兴衰成败。在民主环境中，更容易形成科学决策。列宁深知科学决策的重要性，他在弥留之际嘱咐中央委员会在决策时要减少个人的、偶然的因素。列宁还强调要善于反思失误，及时纠错改正，建立责任制。

3. 党内民主是党密切联系群众的重要基础。党群关系是列宁十分关注的问题。在他看来，人民群众是无产阶级政党的力量源泉。无产阶级政党同广大群众保持牢固的联系是进行社会主义革命和建设的法宝。而脱离人民群众是无产阶级政党最大最严重的可怕威胁，官僚主义是俄共（布）脱离群众的罪魁祸首。他指出共产党员成了官僚主义者，就可以轻而易举地把俄共（布）摧毁掉。列宁把发扬党内民主作为杜绝官僚主义的重要武器，作为密切党群关系的重要手段。

4. 党内民主是党生命活力的源泉。党员是党组织的主人。列宁把广大党员的主观能动性的充分发挥当作党生命活力的重要源泉，他以广大党员的主观能动性为出发点，思考如何加强党内民主建设，提出了建设性的措施，要把吸收党员积极参加党内生活当作中心任务。党的生命活力源于党内民主机制。党内民主机制是由党务公开、普选制、任期制、罢免制和监督制等一系列要素环环相扣组成的有机整体，列宁在《怎么办——我们运动中的迫切问题》一书中指出：所有这些民主制度“就可以造成一种能起到生物学上的所谓‘适者生存’的作用的自动机制”[1]。

5. 执政党党内民主是国家民主的核心。执政党党内民主的发展边界在很大程度上受制于国家民主。国家民主是执政党党内民主发展的大背景、大气候。执政党党内民主是国家民主的核心，对国家民主起着示范作用、保障作用和导向作用。俄共（布）经历了两次历史性转变：第一，由多党分掌政权到一党执政的转变。第二，由党内派别林立到党内无派的转变。因此，执政党党内民主至关重要。列宁把党内民主作为国家民主的前提和关键，希望以党内民主建设带动国家民主建设。列宁加强党内民主建设的措施有：第一，实行工人民主制；第二，建立党内监察机构；第三，扩大中央委员会人员；第四，建议把斯大林调离总书记职位；等等。

1《列宁选集》第1卷，人民出版社2012年版，第417页。

七、要建立科学的监察体系

党内监察是无产阶级执政党建设不可或缺的重要内容。俄共（布）既是执政党，又是领导党，党内监察的成效如何直接关系到党的执政地位安危。列宁依据党和苏维埃的监察工作经验，创立了党内监察思想，目的在于发挥同体监督的功效，保障党内民主和人民民主。列宁的党内监察思想集中体现在《关于监察委员会》《监察委员会条例》《我们怎样改组工农检查院》《宁肯少些，但要好些》《致代表大会的信》等中。

（一）列宁党内监察思想的基本内容

核心内容：构建科学的党内监察体系。建立从中央到地方的各级党的监察委员会，实行单一垂直领导。第一，组建原则。党的监察机构分为中央、区域和省三级，是由本级党代表大会选举产生，并对其负责。在组织上与同级党委会平行，不存在隶属关系，实行单一制的垂直领导，中央监察委员会可以直接领导地方监察委员会。列宁在《论“双重领导”和法制》中批评了“双重领导”的错误意见，从而为党内监察制度化、科学化提供组织保证。第二，人员要求。对于监委委员的要求应该是最大公无私、最有修养、最有经验、能够严格执行的人。监委委员的挑选有严格要求，监委委员应是专职人员，在任期未满前不能调任其他工作，列宁对监委委员提出了要不断学习并要检查学习成效的要求。第三，权限职责。监委委员“有权出席本级党委员会和苏维埃委员会的一切会议以及本级党组织的其他各种会议，并有发言权。监察委员会的决议，党的同级的委员会必须执行，而不得加以撤销”[1]。当与同级党委会不能取得协调时，可以提交联席会议、党代表大会解决。监察机关只有监督权，负责监督和检查同级党的委员会和同级政府的决策和政策执行情况。同时要经常检查党政机关工作人员的违法犯罪行为，并积极开展斗争。

重要任务：对党政最高领导机关和主要领导干部的监察，而且有对党政最高领导机关及主要领导的监督和检查规定。如，第一，中央监察委员会有权审查政治局的一切文件。第二，必须有一定人数的中央监察委员会委员出席政治局会议。

改革方针：中央监察委员会和工农检查院合并。列宁晚年明确提出了建立党政联合监察机构的设想。列宁建议吸收 75 ～ 100 名来自生产第一线的优秀工农代表参加中央监察委员会，同时把工农检察院的职员缩减到 300 ～ 400 人，在工作上将二者合并起来了。这样就把党的监督、人民监督与国家监督结合起来了，使其更具有广泛的人民性和权威性。

（二）列宁党内监察思想中的权力制约分析

列宁的监察思想最重要的理论特征是权力制约。列宁首创了社会主义国家权力制约思想和模式。

1. 列宁提出权力制约的原因分析。一是权力制约的逻辑起点。列宁在《国家与革命》中重申了马克思主义者关于权力需要制约的观点。国家是从社会中

1《苏联共产党代表大会、代表会议和中央全会会议汇编》，人民出版社 1964 年版，第 71 页。

产生但又居于社会之上并且日益同社会相异化的力量。社会决定国家，国家从属于社会，国家的权力来源于社会。且无产阶级在革命胜利后仍然需要国家政权进行管理，国家政权将存在相当长的时期。因此，国家应该受到社会的广泛制约和监督，从而保证权力与社会的统一。二是权力制约的现实需要。苏维埃政权是人民在革命中自发创立的议行合一的代议制民主政权。当时苏俄人民的文化状况和管理能力，决定了他们无法直接参加国家管理，只能通过工人阶级的先进分子来管理国家，实现代表大会制民主。由于种种原因主要是历史原因苏维埃俄国初期形成了党政不分、以党代政的局面。党的权力结构倒置，中央委员会权力被削弱，政治局、组织局和书记处由执行机关和办事机关变成了权力机关，事实上处于党中央权力中心。官僚主义不仅在苏维埃制度内部相当普遍地“复活”，而且渗透到党的机关里来了。列宁认为要采用多种的自下而上的监督方法和形式来制止官僚主义。

2. 列宁主张的权力制约的内涵分析。列宁强调要明确划分监察委员会和同级党的委员会的职权范围，认为监察机关应具有很高的权威和地位，应该具有最大限度的独立性，并领导制定了《监察委员会工作条例》，科学规定了党的监察机构的组建原则、权限职责、人员要求，以此来确保其工作上的独立性和法律上的权威性。同工农检查院合并的中央监察委员会与中央委员会平行，同为中央领导机关。中央监察委员会负责监察政治局、组织局和书记处，把党政最高领导机关和主要领导干部纳入了监察体系。这样一来，监督权和执行权互不交叉分立而置，监察主体与监察客体拥有平等地位，监察主体拥有与监察客体相等甚至更大的权力，党的监察机关能够监督党的各级领导机关和上层领导干部，监察主体能独立地开展工作，确保监察机构监察工作的有效性。

列宁把人民监督视为无产阶级专政的具体体现，视为制约权力的主要武器。列宁始终相信群众、依靠群众，认为监督党和国家权力的最深厚的力量来自人民。他提出扩大人民参与政治的途径，建立吸收工农优秀代表的权力制约机制，革除权力集中和权力异化的弊病。第一，他建议选出优秀工农代表作为新的中央监察委员。第二，建立群众监督体系。列宁认为工人对产品的生产和分配的监督是走向社会主义的最初步骤。十月革命初期颁布的《工人监督条例》规定在一切工业、银行业、商业、农业、合作社、运输业以及其他行业建立工人监督委员会。列宁首创了吸收群众参与国家管理监督、群众信访监督、工会组织监督等形式，形成一个全方位的群众监督网络，建立健全群众监督制度。

列宁非常重视社会主义法制的重要作用。第一，列宁领导俄共（布）制定了一系列法律，如《俄罗斯社会主义联邦苏维埃共和国宪法（根本法）》《苏维埃社会主义共和国联盟宪法（根本法）》，确定了宪法的根本地位和最高的法律效力。第二，列宁建立制约权力的制度。这样的制度更具有根本性、权威性和有效性。这是以代议制、代表大会制、选举权、监督权、罢免权为代表的监督制度，确定了人民主权的根本地位，把国家权力有效地置于社会监督之下。第三，列宁强调俄共（布）应该严格遵守宪法和法律，必须在宪法和法律范围内活动。要加强党的纪律性和法制观念，提出遵守党的纪律是全体党员和一切党组织的首要任务，提出党员犯罪的处罚要高于非党员惩办标准的三倍。

思想是历史时代的产物，列宁的民主和法制思想有其时代局限性。由于列宁领导俄共（布）执政时间不长，他长期把注意力放在解决实际问题上，未来得及对这个重要问题进行深入的理论思考，一些很好的设想也未能形成制度成果而被固定下来。

但是，列宁在总结俄国革命实际和布尔什维克党自身斗争经验基础上形成的新型无产阶级政党理论，无疑是对马克思、恩格斯建党学说的重大发展，并由此构成的马列主义党建理论是留给后人的宝贵思想财富，尤其是它成了中国化马克思主义党建理论及其最新成果的立论基础和中国共产党人进行全面从严治党的理论指导，这也从党的建设维度证明：马克思主义是我们立党立国的根本指导思想，是我们党的灵魂和旗帜。

第三章
中国共产党人百年来推进党的建设伟大工程的历程

中国共产党于1921年成立，自成立之日起就把马克思列宁主义写在了自己的旗帜上，马列主义党建理论是引领我们党加强自身建设的锐利武器。中国共产党不断推进党的建设伟大工程，在马列主义党建理论的指引下，形成了中国化马克思主义党建理论，这是马克思主义中国化的创新成果，从而极大地丰富和发展了马列主义党建理论。

第一节　新民主主义革命时期党的建设

中国共产党以马克思列宁主义为指导思想并始终坚持共产党的性质和宗旨，这就决定了中国共产党历来重视自身建设。党的“二大”通过了党的历史上的第一部《中国共产党章程》，这是根据马列主义党建理论制定的。这部党章规定了党员、组织、会议、纪律、经费和附则共6章29条。第一部党章对党员的入党条件、审批手续、党的组织设置和系统、党的活动方式和领导方式、党的纪律、党的经费来源等都做了具体规定。

重视并不断推进党的建设伟大工程，一直贯穿于中国共产党领导中国人民进行新民主主义革命的全过程，形成了中国化马克思主义党建理论的基础性内容，这是中国革命能取得最终胜利的一大法宝，是毛泽东思想的重要组成部分。

一、首创思想建党政治建军的古田会议

（一）古田会议召开的背景和主要内容

1927年大革命失败后，党的工作重心从城市转到农村，领导农民开展武装斗争和土地革命。随着红军和根据地的扩大，大量农民加入了共产党。这就提出了一个崭新的历史课题：在农民和其他小资产阶级出身的党员占多数的情况下，如何建设无产阶级政党？如何建设党领导下的人民军队？共产国际提出的“党的组织工人化”“党的干部工人化”的指导原则显然不符合中国国情。当时党内存在的各种非无产阶级思想，如：单纯军事观点、极端民主化、非组织观

点、绝对平均主义、主观主义、个人主义、流寇思想、盲动主义残余等使这个问题变得更加突出。

为解决这个崭新的历史课题，中国共产党红四军第九次代表大会于1929年12月28日和29日在福建龙岩上杭召开，毛泽东在会上做了政治报告。会议经过热烈讨论和协商，一致通过由毛泽东起草的决议（共八个），总称为《中国共产党红军第四军第九次代表大会决议案》，即著名的古田会议决议案。毛泽东起草的古田会议决议的第一部分，经他校阅，后来收入《毛泽东选集》时，题目定为《关于纠正党内的错误思想》。

将近3万字的《古田会议决议》，系统总结了红四军初创时期党的自身建设方面的经验教训，从而确立了思想建党政治建军的基本原则。《古田会议决议》内容主要有5部分:（1）明确了红军的性质、宗旨和任务。（2）规定了党对红军实行的绝对领导的原则。（3）规定了红军中政治机关和政治工作的地位。（4）强调在红军内部要加强思想政治教育。（5）规定了处理红军对内对外关系的原则。

（二）《古田会议决议》的主要内容和重大意义

《古田会议决议》是一份非常重要的历史性文献，内容丰富。站在今天的历史高度，从中国化马克思主义党建理论维度看，至少有以下几个主要点需要深刻领会和把握。

1. 要着重从思想上建设党。红四军党内存在着各种非无产阶级思想，比如说，单纯军事观点、极端民主化、非组织观点、绝对平均主义、主观主义、个人主义、流寇思想、盲动主义残余，等等。这些错误思想危害不小，妨碍了党的政治路线的贯彻执行。如果不能及时彻底纠正，红四军将无法完成斗争任务。分析产生这些错误思想的原因有两个方面：一是农民和其他小资产阶级出身的党员占了党组织的大部分；二是缺乏对党员作正确路线的教育、缺乏一致的坚决的斗争。由此可见，消除这些错误思想的主要途径是有计划地进行党内教育。这是当时党的重要任务。

毛泽东在《古田会议决议》中除了强调重视思想建党外，还指出要加强组织建设，在“决议案”中专门写了《党的组织问题》。而作风建设则体现在思想建设和组织建设之中。“决议案”还有《党内教育问题》《红军宣传工作问题》《士兵政治训练问题》《红军军事系统与政治系统关系问题》等，都属于思想建党的内容，我们要加以深刻领会和把握。

2. 政治建军，保证党对军队的绝对领导。古田会议规定和确立了人民军队建设的一系列重要原则，特别是政治建军，保证党对军队绝对领导的原则。毛泽东指出：红军是执行政治任务的武装集团，它除了军事任务之外，还担负着政治任务，主要有：宣传群众、组织群众、武装群众、帮助群众，建立革命政权和共产党的组织等重大任务。离开了这些，就失去了红军打仗的意义，也失去了红军存在的意义。

毛泽东针对“司令部对外”和“把红军的政治工作机关隶属于军事工作机

关”等忽视政治领导的错误，强调党要主动参与军事工作，“一切工作，在党的讨论和决议之后，再经过群众去执行”[1]，强调要编制红军法规，尤其要明确军事工作系统和政治工作系统的关系。

3. 重视和加强思想政治工作。思想建党、政治建军，必须加强思想政治工作。毛泽东在“决议案”中提出了加强思想政治工作的一系列重要原则，作出了加强思想政治工作的一系列规定。如关于党内教育问题的规定中，讲到“意义”“材料”“方法”。方法部分，讲到党报、政治简报、小册子、训练班、组织读书、看报、个别谈话、批评、小组会、支部大会、活动分子会，等等，非常具体、细致；关于红军宣传工作问题的论述中，讲到“意义”“现状”“纠正的路线”，论述非常有针对性，措施非常具体、明确；关于士兵政治训练部分，讲到“材料”“方法”，方法中讲到上政治课、集合讲话、个别谈话，政治课中讲到“教授法”十条，非常实在且管用。学习毛泽东的这些论述，再联系“决议案”的其他部分，特别是有关思想政治工作部分，我们可以从中受到多方面深刻的思想启迪和教育。

《古田会议决议》是建党建军史上的纲领性文献，它创造性回答了在中国这样经济文化落后的大国由农民和其他小资产阶级出身占多数的共产党，如何建设无产阶级政党及其领导下的人民军队等一系列重大问题，从而开辟了一条符合中国国情的建党建军新路，这是对马列主义党建理论的原创性发展，奠定

1《毛泽东选集》第1卷，人民出版社1991年版，第88页。

了中国化马克思主义党建理论的基础。因此，古田会议和通过的决议，成为中国共产党及其领导下的中国人民解放军建设史上的里程碑，意义极其重大，影响极其深远。

二、党的历史上第一次伟大的马克思主义教育运动：延安整风

（一）延安整风的背景和过程

1935 年 1 月召开的遵义会议，开始确立以毛泽东同志为主要代表的马克思主义正确路线在党中央的领导地位，开始形成以毛泽东同志为核心的党的第一代领导集体，开启了我们党独立自主解决中国实际问题的新阶段，在最危急关头挽救了党、挽救了红军，挽救了中国革命，打开中国革命新局面，这在党的历史上是一个生死攸关的转折点。遵义会议之后我们党开始学会把马克思主义基本原理和中国实际相结合来思考和解决中国革命问题这个重要能力。

1939 年 10 月，毛泽东在《共产党人》发刊词中第一次把加强党的建设表述为是一项伟大工程，并指出推进党的建设伟大工程的目的是“建设一个全国范围的、广大群众性的、思想上政治上组织上完全巩固的布尔什维克化的中国共产党”[1]。延安整风无疑是党的建设伟大工程的重要内容，是党的历史上第一次伟大的马克思主义教育运动。为开展延安整风，毛泽东做了 2 项重要的准备工作。一是 1941 年 3 月，毛泽东决定出版主要由他在 1930 年至 1933 年间撰写的《农村调查》。此书是农村调查汇集，毛泽东在此书序言和跋中指出：

1《毛泽东选集》第 2 卷，人民出版社 1991 年版，第 602 页。

"实际工作者须随时去了解变化着的情况。"[1]他还指出:"没有调查就没有发言权。"[2]二是1941年5月,延安干部会议召开,毛泽东在《改造我们的学习》中严厉批评了对于今天的中国和昨天的中国一概没有兴趣的人。他们凭主观,忽视客观,害人害己害革命。主观主义是党性不纯的一种表现,是反马克思列宁主义的,是工人阶级及其政党的敌人,是人民的、民族的敌人。

毛泽东的上述讲话并没有受到高级干部的重视,宣传部门也没有做报道,这让毛泽东意识到问题的严重性和开展全党整风运动的艰巨性,这使毛泽东下决心只有先从统一党的高级干部思想入手,才能推进全党整风。

1941年9月10日至10月22日,党中央召开了政治局扩大会议,在历史上称为九月会议。这是一次重要会议,毛泽东高度重视并为这次会议做了充分准备,根据毛泽东的提议,为加强学习,党中央先后为广大党员干部提供《关于增强党性的决定》《关于调查研究的决定》和《六大以来》等学习资料。九月会议推动了延安整风活动。九月会议5次集中讨论,历时一个多月,重点在于概括十年内战后期党的领导路线问题。毛泽东深刻批判了党内存在的严重的主观主义,认为"左"、右倾机会主义都是主观主义,进一步指出:中国广大小资产阶级的影响、苏联的德波林主义(机械主义哲学)的影响和党内"左"倾机会主义是产生党内主观主义的三大来源。九月会议期间,毛泽东起草了

1《毛泽东选集》第3卷,人民出版社1991年版,第791页。
2《毛泽东选集》第3卷,人民出版社1991年版,第791页。

《关于四中全会以来中央领导路线结论草案》，草案指出四中全会以来中央领导路线的实质是“左”倾机会主义，它在时间的长久上、结果的严重上、形态的完备上都超过了陈独秀和李立三错误路线。毛泽东还从思想、政治、军事和组织等方面批判了“左”倾机会主义。1945 年党的六届七中全会通过的《关于若干历史问题的决议》吸纳了此草案中的重要内容。这第二个历史决议的通过是延安整风的最重要成果。

九月会议结束后，毛泽东亲自抓高级干部整风学习。他认为只有多数中高级干部思想通了，我们才能胜利。随后，党中央成立了中央学习小组，它的任务是：研究马克思主义思想方法论和“六大”以来的决议。毛泽东还要求把解放出版社出版的《马恩列斯思想方法论》作为整风必读文献之一。党的高级干部在学习研究后思想达到了基本一致。开展整风的条件成熟了。《整顿党的作风》和《反对党八股》这两篇报告，是延安整风的重要指导性文献，有一万多名干部参加了整风学习。

这时期文艺界暴露出很多问题。因为延安文艺界人士，是在抗日战争爆发后，从上海等大城市奔赴来的。他们拥有火一样的革命激情，但对同工农兵结合思想准备不足。有些人士是身在延安，心在大城市，有些人士好高骛远、瞧不起工农兵，还互相瞧不起……毛泽东同延安文艺界代表人士广泛接触，花了不少时间了解他们的具体想法。1942 年 5 月 2 日至 23 日，延安文艺座谈会在中央大礼堂召开。5 月 2 日召开了第一次会议，毛泽东首先发表讲话（史称

《在延安文艺座谈会上的讲话》引言）。座谈会期间共有 3 次大会讨论，发言热烈，毛泽东总是仔细听大家发言，认真做记录。在 5 月 23 日闭幕会上，毛泽东做了结论发言。毛泽东发表《在延安文艺座谈会上的讲话》，这是延安整风的重要内容，也是延安整风重要文献。

经过几个月的整风学习，党内思想面貌发生很大变化。为了把整风学习进一步推向全党，党中央决定成立中共中央总学委以指导全党整风。1942 年 6 月 8 日，中宣部发出《关于在全党进行整顿三风学习运动的指示》，这标志着反对党八股以整顿文风、反对宗派主义以整顿党风、反对主观主义以整顿学风的学习运动普遍开展起来了。

（二）延安整风的代表性讲话和著作

在延安整风过程中，毛泽东发表了一系重要讲话和著作，为延安整风指明了正确方向，其中有代表性的讲话和著作是思想建党、理论强党的锐利武器，是毛泽东思想的重要组成部分，丰富了中国化马克思主义党建理论的内容，对新时代全面加强党的建设也有指导意义。

1.《改造我们的学习》。这是毛泽东 1941 年 5 月 19 日在延安干部会上所做的报告，是延安整风运动的基本指导文件之一。反对主观主义以整顿学风是延安整风的中心任务。学风问题既是一个思想方法问题，又是对待马克思列宁主义的态度问题，因而是一个非常重要，甚至是第一重要的问题。毛泽东的这篇报告，从思想方法的高度，总结了建党以来 20 年的历史经验，对实事求是的科学态度做了系统阐述，对主观主义的态度做了深刻批判，是一篇系统论述马克思主义思想路线的代表作。

（1）马克思列宁主义普遍真理同中国革命具体实践相结合是我们党的基本历史经验。在毛泽东看来，党的幼年时期，我们对马克思列宁主义和中国革命这两方面内容的认识，还很肤浅、很幼稚。这种肤浅和幼稚，使我们犯了很多错误，包括“左”、右的错误。经过20年的实践锻炼，我们党日益成熟，全党的理论水平有了很大提高，研究中国和世界的自觉性也有了很大提高。但是，毛泽东指出，我们还是有“三个不注重”的大缺点，即“不注重研究现状，不注重研究历史，不注重马克思列宁主义的应用”[1]。主观主义的作风还相当严重地存在。不注重研究现状，就是说，对具体情况不做调查和研究，“想当然”“拍脑袋”发号施令。不注重研究历史，就是说，对“历史一点不懂，或懂得甚少，不以为耻，反以为荣”[2]。不注重马克思列宁主义的应用，就是说，向往教条，“理论和实际分离”，对于党的指示不重视，对于中国的问题没有兴趣。这是马克思列宁主义普遍真理同中国革命具体实践相结合的极大阻碍。因此，毛泽东主张改造学习方法、学习制度。

（2）主观主义和实事求是是两种根本对立的态度。要想实现马克思列宁主义基本原理同中国革命具体实践结合，必须确立实事求是的态度，反对主观主

1《毛泽东选集》第3卷，人民出版社1991年版，第797页。
2《毛泽东选集》第3卷，人民出版社1991年版，第798页。

义。毛泽东对这两种态度做了对比与分析，他明确指出：主观主义的态度，只是凭借主观热情工作，没有系统周密的研究，对昨天和前天的状况一团漆黑，对今天的状况若暗若明。而教条主义的态度，单纯为理论而理论，对马列主义，漫无目的抽象地去研究，而不是为了解决中国革命的实际问题，去经典作家和经典著作中找立场、观点和方法。另外一种做实际工作的人，往往单凭热情，把感想当政策，不注意客观情况的研究。

实事求是的态度，运用马克思主义经典作家和经典著作中的思想和方法，对于周围环境要做周密而系统的调查和研究。"'实事'就是客观存在着的一切事物，'是'就是客观事物的内部联系，即规律性，'求'就是我们去研究。"[1] 这要求，我们要从各地的具体实际情况出发，从中找到不是臆造而是固有的规律，从中找出周围事物的内在的必然的联系，作为我们行动的向导。要想做到实事求是，既要了解现状，也要懂得历史，将马克思列宁主义和中国革命实际结合，这就是马克思列宁主义理论同实际统一的作风。

（3）怎样改造我们的学习。毛泽东强调了三个方面。一是向全党提出系统地周密地研究周围环境的任务。二是提出"聚集人才"，全面系统深入研究近百年国史以及经济史、政治史、军事史、文化史。三是改进干部教育工作，坚持以马克思列宁主义基本原则为指导方针，以中国革命实际问题为导向。

2.《整顿党的作风》。这是毛泽东 1942 年 2 月 1 日在中共中央党校开学典

1《毛泽东选集》第 3 卷，人民出版社 1991 年版，第 801 页。

礼上的演讲，原题《整顿学风党风文风》，4 月 27 日发表在延安《解放日报》上。（1953 年收入《毛泽东选集》第三卷时，改为《整顿党的作风》）。

1935 年 1 月遵义会议后，党的政治路线基本是正确的，工作也是有成绩的，并在抗日战争中逐步发展成为政治上、思想上、组织上成熟的全国性大党。但党内还存在不少问题，突出表现为学风、党风和文风不正，这就严重妨碍了党的政治路线的执行，妨碍了全党的团结统一。这些问题存在的主要原因在于：党内历次“左”、右倾错误尤其是王明教条主义错误还没有来得及从思想上加以彻底清算，主观主义、宗派主义、党八股的残余仍严重存在；加上一些党员特别是抗战以来入党的大批新党员大多数出身于农民和其他小资产阶级，他们虽然革命热情很高，但普遍缺乏革命斗争的锻炼和考验，缺乏马克思主义理论修养，在思想上未得到很好的改造，还带有许多非无产阶级思想。为了改变这种状况，使全党在政治上、思想上、组织上进一步统一起来，步调一致地去夺取胜利，党中央决定在全党范围开展一次大规模的整风运动。毛泽东的这篇演讲，实际上是延安整风的动员报告，是指导延安整风的基本文件之一。

（1）整风的重要意义。毛泽东明确提出：“我们要完成打倒敌人的任务，必须完成这个整顿党内作风的任务。”[1]这样就开宗明义地阐述了开展整风运动的意义。

（2）反对主观主义以整顿学风。党内的主观主义有两种表现形式：教条主

1《毛泽东选集》第 3 卷，人民出版社 1991 年版，第 812 页。

义和经验主义。历史证明，教条主义的危害甚于经验主义的危害，毛泽东着重强调，决不能把马克思主义当作死的教条，那些只知道记诵马克思主义书本上的个别结论和个别原理，却对于中国问题熟视无睹，不能根据马克思主义理论来思考中国革命实践的人，是不能妄称为马克思主义理论家的。我们需要的名副其实的理论家是具备灵活运用马克思列宁主义的立场、观点和方法的理论修养，是具备洞察政治、经济、文化、军事问题的理论才干，是具备明晰历史中和革命中所发生的问题的理论能力。

同时，毛泽东指出，从事实际工作的同志在具体工作中积累了宝贵经验，若是把局部经验错误当成普遍真理，那也很危险。这种经验主义是难以把革命事业做好的，而且很容易为教条主义所俘虏。所以，为了反对主观主义，就必须把马克思主义中国化，把马列主义普遍原理同中国革命的具体实际紧密结合起来，即理论联系实际。

（3）反对宗派主义以整顿党风。毛泽东认为，主观主义在组织关系上表现为宗派主义。当前，宗派主义没有占据统治地位，但其残余仍然存在，这危害了党的团结统一，危害了党团结广大人民的凝聚力。为了确保党和人民的事业顺利发展，只能铲除宗派主义的残余。宗派主义表现为：大搞独立，无视整体利益，只想局部利益，甚至背离民主集中制，违背我们党的组织原则。他们实质上把个人利益凌驾于党之上，个人第一，党第二。他们闹名誉，闹地位，闹出风头，排挤一些人，拉拢一些人，大搞资产阶级政党的庸俗作风。为此，毛泽东告诫全党：一定要反对个人主义和宗派主义。

特别是在新老干部、本地干部和外来干部、地方干部和军队干部，以及军队之间、地方和工作部门之间的关系上，要防止宗派主义倾向，要坚决反对只顾自己不顾别人甚至以邻为壑的本位主义倾向，促使党的团结统一。在党外关系上，宗派主义表现为实行关门主义，藐视党外人士，不尊重党外人士，看不起党外人士……毛泽东指出这种倾向是错误的。党员有同他们合作的义务，应当能够团结一切愿意和我们合作和可能同我们合作的党外人士。

（4）“惩前毖后，治病救人”的整风方针。毛泽东提出，开展整风运动的宗旨有两条：其一“惩前毖后”，其二“治病救人”。所谓“惩前毖后”，是指不留情面地揭发以前工作的一切错误，运用科学的态度来评判，以便使以后的工作更慎重；所谓“治病救人”，是指批评缺点揭发错误的目的在于救人，而不是整人。对待政治上和思想上的毛病，我们要采用“治病救人”的态度，不能采用鲁莽的态度，才是正确方法。

3.《反对党八股》。毛泽东于1942年2月8日在延安干部会议上发表讲演——《反对党八股》，这是一篇讨伐主观主义、形式主义文风的檄文，是延安整风必读的基本文件之一。

（1）问题的提出。“党八股”是“洋八股”在我们党内的发展。在党的六届六中全会上，毛泽东明确提出了“使马克思主义在中国具体化”的历史任务，要求必须废止“洋八股”，“代之以新鲜活泼的、为中国老百姓所喜闻乐见的中国作风和中国气派”[1]。然而，由于党内教条主义的影响远未肃清，“洋八股”或“党八股”并没有被废止。

教条主义者是“党八股”的创造者和传播者。他们喜欢在自己的文章和讲话中搬用革命的名词术语，连篇累牍引用马列语录和共产国际文件，居高临下，装腔作势。虽然言之无物、空话连篇，但却具有极大的迷惑性，可以欺骗刚参加革命不久的知识青年，可以吓唬理论水平不高的老同志。

1942 年 2 月 1 日，毛泽东发表《整顿学风党风文风》的演讲，明确将“反对‘党八股’以整顿文风”作为整风内容之一。当时，毛泽东并没有展开论述，而是“准备在另外一个会议上来讨论”。这个会议就是 1942 年 2 月 8 日中共中央宣传部和中央出版局在中共中央党校联合召开的宣传工作会议。会前，毛泽东选了四篇文章（《列宁是怎样进行宣传的》《季米特洛夫论宣传的群众化》《鲁迅论创作要怎样才会好》《六中全会论宣传的民族化》）编成《宣传指南》，由中宣部印成小册子，发给 800 多名与会者。毛泽东到会时只带了两页纸的讲演提纲，列了八个标题。中共中央秘书处速记员张树德和周昆玉记录并根据速记稿整理为记录稿。中共中央秘书长王若飞修改后送胡乔木，最后由毛泽东修改定稿。

（2）“党八股”的历史渊源、社会根源和具体表现。毛泽东在演讲中首先揭示了“党八股”的历史渊源和社会根源。他指出，“党八股”是宣传宗派

1《毛泽东选集》第 2 卷，人民出版社 1991 年版，第 832 页。

主义和主观主义的工具和形式。“党八股”既是对五四运动的一个反动，是死硬的、后退的、阻碍革命的东西，又是五四时期的消极因素——形式主义向“左”的发展；是小资产阶级革命分子的狂热性和片面性在党内的反映。如果不能在党内清除，“生动活泼的革命精神就不能启发”，“真正的马克思主义就不能得到广泛的传播和发展”[1]；也就不能肃清老八股和老教条，以及“洋八股”和洋教条在全国许多人中间的影响。

毛泽东用了主要篇幅剖析了“党八股”的表现及危害。他将党八股归纳为“八大罪状”，逐条加以声讨。他的讲演充满着辛辣的讽刺和尖锐的批判，目的是“重重地给患病者一个刺激”，使患者惊出一身汗。同时，毛泽东也逐条对症下药，开出治病的药方，以求在党内彻底清除“党八股”的积弊。

（3）“党八股”的实质和反对“党八股”的重要意义。毛泽东指出，我们罗列的“党八股”罪状有八条之多，归根结底在于它离开了马克思主义的群众观点和实事求是的科学态度。“党八股”空话连篇、无的放矢、语言无味、不负责任，是对马克思主义群众观点的背离。毛泽东批评写“党八股”的人，是不要群众看、不要群众懂、不要群众喜欢、不考虑对群众的影响。毛泽东主张，为了让群众看，文章应当写得短些、精粹些，应当禁绝一切空话，尤其是要把那些又长又臭的懒婆娘的裹脚，赶快扔到垃圾桶里去。对于自己的宣传对象要调查，要研究，要分析，要知道他们心里面想些什么。为了让群众喜欢，

1《毛泽东选集》第 3 卷，人民出版社 1991 年版，第 832 页。

就要下苦功学习语言。首先“要向人民群众学习语言”，人民的语言是那么活泼那么丰富那么有表现力。学习人民的语言，可以帮助我们改变“学生腔”，改变只有死板板的几条筋的“瘪三”样。同时，还要从外国语言中和古人语言中汲取有用的成分。写文章作演说是专为影响人的，必须改正责任心薄弱的坏习惯，写作之前要调查研究、预做准备。文章写好之后，要多看几遍，以免发表出去，到处害人。

“党八股”装腔作势的吓人战术，以及开中药铺式的现象罗列，与马克思主义实事求是的科学态度背道而驰。毛泽东指出，装腔作势的战术是流氓无产者、剥削阶级惯用的手法，共产党是靠真理、科学、实事求是吃饭的。甲乙丙丁开中药铺的方法，不是按照事物的内部联系来划分的，而是按照事物的外部标志来划分的。观察问题、提出问题、分析问题和解决问题，都需要系统的周密的调查研究和分析过程，而不是简单的概念排列。

最后，毛泽东对《宣传指南》的四篇文章逐一进行了讲解，以列宁、季米特洛夫、鲁迅的实践和论述告诉人们写文章做宣传的正确方法，进一步揭露了教条主义者的假马克思主义本质。

毛泽东对“党八股”的抨击，痛快淋漓、振聋发聩。当年曾促使人们践行马克思列宁主义的文风。但是，文风问题的解决不可能一劳永逸。文风是党风学风的反映，每当党风学风不正的时候，文风必然要出问题。因此，《反对党八股》这篇经典之作，对于今天我们全面从严治党，坚持党的群众路线，反对形式主义等不正之风，仍然具有重要的现实意义。

4.《在延安文艺座谈会上的讲话》。这是毛泽东 1942 年 5 月 2 日至 23 日，在有延安文艺工作者和中央及各部门负责人参加的座谈会上的讲话。首次发表于 1943 年 10 月 19 日延安《解放日报》上。次日，中共中央总学委发出通知，要求各级党组织把《在延安文艺座谈会上的讲话》作为整风的必读文件进行学习。在这篇讲话中，基于“五四运动”以来我国文艺运动的历史经验，毛泽东阐明和发展了马克思列宁主义文艺思想，回答了文艺工作中一系列重大理论和政策问题，对我国文艺事业的发展产生了重大而深远的影响，至今仍然有重大现实意义。

（1）当时文艺工作中存在一些突出问题。这是“引言”中提出的，也就是文艺界整风主要解决的四个问题。

一是立场问题。我们需要站在什么立场上？这就是无产阶级的立场和人民大众的立场。共产党员站在什么立场上？这就是党的立场，党性和党的政策的立场。而我们一些同志常常失掉了这种正确的立场。二是态度问题。立场决定态度。譬如，文艺是暴露呢，还是歌颂呢？这是态度问题。事实上，这两种态度都需要，问题是针对什么人。不能抽象地说要这个不要那个。三是工作对象问题。给什么人看文艺作品呢？在国民党统治区和抗战前的上海，与在陕甘宁边区，在各个抗日根据地，文艺作品的接受者是不同的。在根据地的接受者，主要是工农兵及其革命干部。因此，就有一个熟悉他们的问题。而我们的许多文艺工作者不熟悉他们，这就难以满足他们的需求。四是学习问题。即学习马克思主义和学习社会的问题。文艺界存在的各种错误和混乱的思想观点，如讲抽象的爱、抽象的自由、抽象的人性、抽象的真理，等等，说明这种学习是十分必要的。

毛泽东提出这些问题，引起与会同志广泛而热烈的讨论，然后在“结论”中做了深刻回答。毛泽东说这些问题总结起来是一个“为群众、如何为群众”的问题。

（2）为什么人的问题是一个根本的原则问题。文艺是为什么人？在我们的同志中似乎是已经解决了。实则不然。在作品中、情绪中、行动中和对于文艺方针的意见中，不少同志或少或多会发生与革命斗争不相符合、与群众需求不相符合的偏离。因此，有必要加以明确地指出，我们的文艺是为人民的文艺。那么，什么是人民呢？“最广大的人民，占全人口百分之九十以上的人民，是工人、农民、兵士和城市小资产阶级。”[1]我们的服务对象是上述四种人，这决定了我们不能站在小资产阶级的立场上，需要站在无产阶级的立场上。站在小资产阶级立场上的创作，不擅长描写工农兵群众，因为对工农兵群众缺乏接近、了解和研究，描写出来的只能是资产阶级的面孔，工农兵群众的衣服。所以，我们的文艺工作者一定要把自己的立场从小资产阶级移到无产阶级上来，才能形成真正无产阶级的文艺。总之，文艺是为什么人？这是一个根本原则性问题。

1《毛泽东选集》第 3 卷，人民出版社 1991 年版，第 855 页。

（3）为群众的问题解决了，还有一个如何为群众的问题。是着力于普及还是着力于提高呢？毛泽东批评了那种片面地孤立地强调提高，而轻视和忽视普及的说法和做法。普及，是向工农兵普及；提高，是从工农兵提高。只有以工农兵为出发点，才能对于普及和提高有正确的了解和把握，也才能找到二者的正确关系。

在当时的历史条件下，工农兵正和敌人作战，许多人是文盲，因此，普及工作相对来说更为迫切。随着广大人民群众的文化水平不断提高，普及也不能总是停在一个水平上，群众要求普及也跟着要求提高。“普及是人民的普及，提高也是人民提高”[1]，“提高，为普及所决定，同时又给普及以指导”[2]。总之，我们所说的提高是普及基础上的提高；我们所说的普及是提高指导下的普及。毛泽东关于以工农兵的需要为基础的普及与提高的辩证法，是非常深刻的。毛泽东在这次讲话中还围绕为了群众和怎样为了群众这个根本问题论述了文艺工作中许多重大问题。如文艺工作和党的整个工作的关系问题，文艺界的统一战线问题，文艺批评的标准问题，文艺工作者的学习问题，文艺界的整风问题，等等，内容十分丰富，涉及文艺与人民、文艺与生活、文艺与政治、世界观与创作等各个方面，回答了文艺工作中长期争论不休的许多重大问题，为革命文艺运动的发展指明了正确方向，提供了根本遵循。在《在延安文艺工作座谈会上

1 《毛泽东选集》第 3 卷，人民出版社 1991 年版，第 862 页。
2 《毛泽东选集》第 3 卷，人民出版社 1991 年版，第 862 页。

的讲话》精神的指引下，文艺界的面貌发生重大变化，创作出许多为人民群众所喜闻乐见的优秀作品，有力地推进了文艺大众化运动。在今天，这个讲话对于发展中国特色社会主义文艺事业，仍然有重大现实指导意义。

（三）延安整风的重大意义

1. 党的历史上第一次深刻的马克思主义教育运动。我们党一贯重视对党员干部进行马克思主义教育。在到达延安之前，我们党一直处于转战南北甚至白色恐怖状态中，因此，在这样的背景下是无法在全党范围内进行马克思主义教育运动的。党领导的中国工农红军到达陕北后，有了革命根据地，党在局部范围即在革命根据地执政，1937 年后实现了国共合作，党和延安解放区政权处在相对稳定的环境中，以毛泽东同志为主要代表的中国共产党人及时领导全党开展了延安整风。

延安整风的主旨是坚持把马克思主义同中国具体实际相结合，端正党的思想政治路线，坚决反对和批判了把主观和客观、理论和实际割裂开来的“左”倾和右倾机会主义，并指出主观主义是其思想根源。端正党的思想路线，即要实事求是，掌握一切从实际出发、理论联系实际的思想方法。在延安整风中贯彻了“惩前毖后、治病救人”的方针，着重提高思想认识，团结同志，而不是着重对犯错误的人进行组织处理。通过认真阅读整风文件之后，与个人的历史、思想、工作联系起来，与所在部门或地区的工作联系起来，开展批评和自我批评，使全党提高了思想认识，明确了努力方向。总之，延安整风在党的历史上创造了在全党范围内进行马克思主义教育的成功经验。

2. 创造了思想建党理论强党的成功经验，为中国化马克思主义党建理论作出了原创性贡献。思想建党理论强党是我们党的光荣传统和政治优势。如果说1929年古田会议首创思想建党理论强党，那么延安整风就是对思想建党理论强党的进一步发展，因而具有重大意义。

思想建党理论强党就是要用马克思主义（包括中国化马克思主义）来武装全党，坚持用马克思主义立场、观点和方法分析问题、解决问题，从而使党自身不断强大，真正成为人民的领导者、主心骨。

解放思想实事求是，这是思想建党理论强党的内在要求。延安整风也是一次伟大的思想解放运动，破除了把马克思主义教条化的藩篱，破除了把苏联经验神圣化的教条主义藩篱，破除了把共产国际指示神圣化的教条主义的藩篱，延安整风堪称是党的建设伟大工程的一个伟大创造，是增强党的战斗力的成功实践。如果说古田会议奠定了中国化马克思主义党建理论的基础，那么延安整风则是对中国化马克思主义党建理论的丰富和发展。总之，延安整风意义深远而重大。党的十九届六中全会通过的第三个历史决议对延安整风的伟大意义再次加以肯定："党从一九四二年开始在全党进行整风，这场马克思主义思想教育运动收到巨大成效。党制定《关于若干历史问题的决议》，使全党对中国革命基本问题的认识达到一致。党的七大为建立新民主主义的新中国制定了正确路线方针政策，使全党在思想上政治上组织上达到空前统一和团结。”[1]

当然，新民主主义革命时期推进党的建设伟大工程的重要会议还有党的七大和七届二中全会。党的七大把毛泽东思想确立为党的指导思想，这是我们党把马克思主义基本原理同中国实际相结合第一次历史性飞跃的根本标志。党的七大把毛泽东党建思想概括为“首先着重在思想上政治上进行建设，同时也在组织上进行建设”。党的七届二中全会是我们党的工作重点从农村转到城市的历史转折关头召开的一次重要会议。毛泽东向全党提出了著名的“两个务必”，即务必使同志们继续保持谦虚谨慎、不骄不躁的作风，务必使同志们继续保持艰苦奋斗的作风。这些对加强党的建设都具有重要意义，限于篇幅，本书不加以展开。

第二节　社会主义革命和社会主义建设时期党的建设

延安整风的成效是举世瞩目的，此后，整风这种马克思主义教育的形式就成为党的建设的重要方式，成为党的优良传统。

一、整风整党和“三反”“五反”运动

毛泽东在党的七届二中全会上讲了一段令人警醒的话：“资产阶级的捧场则可能征服我们队伍中的意志薄弱者。可能有这样一些共产党人，他们是不曾被拿枪的敌人征服过的，他们在这些敌人面前不愧英雄的称号；但是经不起人

1《中国共产党第十九届中央委员会第六次全体会议文件汇编》，人民出版社 2021 年版，第 27 页。

们用糖衣裹着的炮弹的攻击，他们在糖弹面前要打败仗。”[1]后来情况的发展佐证了毛泽东这个正确预言。

新中国成立后，党已经在全国范围内执政，我们党根据所承担的使命的变化和党员队伍面临的新情况，在1950年5月1日发出通知，进行整风运动。主要问题是官僚主义和命令主义，纠正居功自傲和“革命到头”等思想，密切了党群关系。1953年党中央决定进行整党。经过这次整党，共有32.8万人离开党组织，其中23.8万人是混入党内的各种坏分子和蜕化变质分子，被清除出党；有9万多名党员因不够党员条件自愿或被劝退离开党组织，与此同时，在严格入党条件下又积极慎重发展了新党员107万人。

党中央根据当时我国经济社会状况和阶级斗争形势，于1951年开展了“三反”“五反”运动。“三反”，也就是党中央在《关于实行精兵简政、增产节约、反对贪污、反对浪费和反对官僚主义的决定》中讲的反对贪污、反对浪费和反对官僚主义，主要是针对党内。这个文件要求全国从中央到地方，大张旗鼓、雷厉风行，形成有力的社会舆论和群众威力，彻底揭露一切大中小贪污事件，“三反”运动很快在全国形成高潮。在“三反”运动中被揭发出来的贪污腐败分子，其中很多人与私商相勾结，共同盗窃国家财产，有鉴于此，党中央决定开展“三反”的同时，在工商界开展“五反”即反对行贿、反对偷税漏税、反对偷工减料、反对盗骗国家财产、反对盗窃经济情报，“五反”运动主

1《毛泽东选集》第4卷，人民出版社1991年版，第1438页。

要是针对党外。

二、“三反”中的“打虎”运动

新中国成立初期的“三反”中，在党中央和毛泽东直接领导下开展了“打虎”运动。这是在党的历史上一次重要的反腐败的斗争。这是针对我们党在全国执政伊始和社会制度转型时期党政机关出现的贪腐情况而开展的反腐败斗争。

这时期出现的党内和国家机关的贪腐干部人数和贪污的金额也是惊人的。据史料记载：中国人民银行1951年初步统计就发现了贪污案件167起。公安部1952年1月根据不完全统计，就查出了133名贪污分子。此外，华北局、西北局、西南局、中南局和东北局先后向党中央报告发现的贪污分子的数目和浪费情况等。新中国刚成立就出现各种贪腐情况在人民群众中产生了恶劣的影响，对党和政府领导人民恢复经济和即将开展大规模国家建设带来了严重威胁。根据这个情况，党中央和毛泽东决定在“三反”中开展“打虎”运动。

“打虎”运动开始的标志是1952年1月1日毛泽东在中央人民政府元旦团拜会上的讲话。毛泽东在这次讲话中向全党全国发出了开展“三反”运动的号召。1月19日，中央直属机关召开高级干部会议宣布“三反”运动进入“打虎”阶段。此后，党政军系统普遍成立了各级“节约检查委员会”（也就是“打虎”机构），具体指导指挥“打虎”工作。全国性的“打虎”工作是在毛泽东和党中央直接领导下进行的。毛泽东亲自提出方针和任务，指导督办这项工作，批转和推广各地“打虎”工作的经验。尤其是当这项“打虎”工作在一些地方和部门出现偏差甚至混乱情况时，也是毛泽东及时发出指示予以纠正的。根据毛泽东的指示，中共中央 1952 年 6 月 15 日发出《关于争取胜利结束“三反”运动中的若干问题的指示》，标志“打虎”运动结束。

“三反”运动至 1952 年 10 月结束。经查实有 10 万多名党员干部被查处。其中被判处有期徒刑的有 9942 人，无期徒刑的有 67 人，被判处死刑的有 42 人，死缓的有 9 人。“三反”运动教育了大多数干部，清除了贪污腐败分子，挽救了犯错误的同志，增强了我们党的纯洁性和战斗力。

三、新中国反腐败“第一枪”

在开展“三反”“五反”运动期间，发生了震惊史册的“新中国反腐败第一枪”。时任中共石家庄市委副书记（曾任天津地委书记）刘青山，时任天津地委书记张子善，他们是革命功臣，后来腐化为贪污犯，由河北省人民法院判决，经最高人民法院核准后被执行死刑。在该案审理过程中，有人到毛泽东那里替刘青山、张子善说情。毛泽东严肃指出：“只有处决他们，才可能挽救二十个、二百个、二千个、二万个犯有各种不同程度错误的干部。”[1]毛泽东经过深思熟虑下定决心严惩刘青山、张子善，以及在“三反”中开展的“打虎”运动，是用实际行动向世人表明：中国共产党人纪律严明、公正无私，决不放任腐败现象滋长下去！决不做李自成，决不重蹈历史周期率！

1《毛泽东传（1949—1976）》（上），中央文献出版社 2003 年版，第 218 页。

四、毛泽东关于培养无产阶级革命事业接班人的思想

20 世纪 50 年代，发生了两件事引起了毛泽东的高度警觉。一件事是时任美国国务卿的杜勒斯公开主张要对社会主义国家实行和平演变。他告诫西方领导人要有足够的耐心和信心，要把和平演变的希望“寄托在社会主义国家第三代和第四代人的身上”。另一件事是 1956 年赫鲁晓夫在苏共二十大上全盘否定斯大林，引起了国际共产主义运动队伍内部思想大混乱，由此西方掀起了反共反马克思主义的逆流。

此后，毛泽东一直在思考如何保证我们党和国家不变颜色，也就是国家政权不违背人民意志，领导干部不腐败变质等问题，这就提出了如何培养无产阶级革命事业的接班人这个根本问题。

毛泽东指出：“苏联出了修正主义，我们也有可能出修正主义。如何防止出修正主义，怎样培养无产阶级的革命接班人？我看有五条。

第一条，要教育干部懂得一些马列主义，懂得多一些更好。就是说，要搞马列主义，不搞修正主义。

第二条，要为大多数人民谋利益，为中国人民大多数谋利益，为世界人民大多数谋利益，不是为少数人，不是为剥削阶级，不是为资产阶级，不是为地、富、反、坏、右。没有这一条，不能当支部书记，更不能当中央委员。赫鲁晓夫是为少数人的利益，我们是为大多数人的利益。

第三条，要能够团结大多数人。所谓要能够团结大多数人，包括从前反

对自己反对错了的人，不管他是哪个山头的，不要记仇，不能‘一朝天子一朝臣’。我们的经验证明，如果不是‘七大’的正确的团结方针，我们的革命就不能胜利。对于搞阴谋诡计的人要注意，如中央出了高、饶、彭、黄等人。事物都是一分为二的。有的人就是要搞阴谋，他要搞，有什么办法，现在还有要搞的嘛！搞阴谋的人，是客观存在，不是我们喜欢不喜欢的问题。

一切事物都是对立的统一。五个指头，四个指头向一边，大拇指向另一边，这才捏得拢。

完全的纯是没有的，这个道理许多人没有想通。不纯才成其为自然界，成其为社会。完全的纯不成其为自然界，不成其为社会，不合乎辩证规律。不纯是绝对的，纯是相对的，这就是对立的统一。扫地，一天到晚扫二十四个钟头，还是有尘土。你们看，我们党的历史上哪年纯过吗？但是却没有把我们搞垮。帝国主义也好，我们党里冒出来的修正主义也好，都没有把我们搞垮。

人是可以改变的。有少数人变不了，吃了饭就骂人，各省都有一点，是极少数，不变也可以，让他们去骂。对那些犯错误的人，要劝他们改好。要帮助人家改正。只要他认真改正了，就不要老是批评没完。

要团结广大群众，团结广大干部，团结这两个百分之九十五。

第四条，有事要跟同志们商量，要充分酝酿，要听各种意见，反对的意见也可以让他讲出来。要讲民主，不要‘一言堂’，一开会就自己讲几个钟头，不让人家讲话。不要开会时赞成，会后又翻案，又说不赞成。共产党人要搞民主作风，不能搞家长作风。

第五条，自己有了错误，要作自我批评。一个指挥员指挥打仗，三个仗，胜二个，败一个，就可以当下去。打主意，对的多，错的少一点，就行了。不要总是以为自己对，好像真理都在自己手里。不要总是认为只有自己才行，别人什么都不行，好像世界上没有自己，地球就不转了。自然界和人类社会都是按照自己的规律前进的。无产阶级的大人物，像马克思、恩格斯、列宁、斯大林不是都逝世了吗？世界革命还是在前进。

但是，接班人的问题还是要部署一下。要准备好接班人。无产阶级的革命接班人总是要在大风大浪中成长的。”[1]

“培养无产阶级革命接班人”这无疑是极其重要和富有远见的思想。但是，也应该看到在当时的历史条件下，毛泽东的认识也要受到历史局限，尤其是党内出了“左”的思想在发展，受“左”的思想影响，毛泽东关于无产阶级革命事业接班人的讲话，难免掺有不正确甚至错误的东西。尤其是毛泽东晚年，他曾设想通过搞运动甚至想从红卫兵和造反派中来发现和培养革命事业接班人等，历史事实证明这是不成功的，党的第二个历史决议对这段历史已经做了结论。但是，毛泽东从防止党和国家不变颜色的历史高度，提出培养无产阶级革命接班人这个重大命题，则是正确的、有远见的。

1《毛泽东传（1949—1976）》（下），中央文献出版社 2003 年版，第 1300-1301 页。

第三节　改革开放和社会主义现代化建设时期党的建设

党的十一届三中全会开启了改革开放新时期。新的历史条件，对党的建设提出了新的更高要求。我们党在总结历史经验基础上，形成了中国化马克思主义党建理论。这一理论是马克思主义中国化的重要组成部分，是中国共产党人坚持和发展马列主义党建理论的原创性成果。

一、邓小平关于坚持党的领导和加强党的建设的思想

邓小平在对当今时代特征和总的国际形势做了科学判断基础上，汲取无产阶级政党建设正反两方面的经验教训，立足于我国正处于社会主义初级阶段的基本国情，在改革开放和社会主义现代化建设条件下，形成了内容丰富的邓小平的党的建设思想。这一思想是同他始终强调要坚持党的领导思想密不可分地联系在一起的。

（一）必须坚持党的领导

在改革开放的各个关键时期，邓小平始终强调要坚持党的领导。党的十一届三中全会前后，社会上出现了怀疑和否定共产党领导和社会主义道路的资产阶级自由化思潮。针对这种错误思潮，邓小平旗帜鲜明地提出要坚持马克思列宁主义毛泽东思想、坚持社会主义道路、坚持人民民主专政、坚持党的领导（四项基本原则），他认为这是实现我国社会主义现代化的政治前提。邓小平还明确指出：四项基本原则的核心是坚持共产党的领导。

邓小平从史论结合上阐述必须坚持党的领导。他指出国际共产主义运动历

史证明：没有无产阶级政党，是不会有国际共产主义运动的。苏联历史证明：没有共产党的领导，是不会有无产阶级专政和社会主义建设的。邓小平还指出：正因为有了中国共产党，才有中国新民主主义革命胜利，才有社会主义新中国。党的领导地位是由马列主义政党的性质和特点所决定的，是在中国革命和建设的历史进程中形成的。也就是说只有中国共产党有资格有能力领导社会主义现代化建设。

邓小平在总结1989年发生在北京的政治风波经验教训时指出，人民群众为什么拥护我们，是因为在我们党的领导下，这十年改革开放取得了成就，如果没有改革开放成果，“六四”这个关我们是闯不过去的。我们闯过这一关，这要归功于改革开放，促使了国家稳定。邓小平多次强调，人民对我们党领导的改革开放路线是满意的，这是人民拥护党的决定因素。总之，“从根本上说，没有党的领导，就没有现代中国的一切”[1]。

在邓小平看来，改善党的领导与坚持党的领导同等重要。坚持党的领导必须改善党的领导。“怎样改善党的领导，这个重大问题摆在我们的面前。不好好研究这个问题，不解决这个问题，坚持不了党的领导，提高不了党的威信。”[2]邓小平这么重视改善党的领导，是因为他看到了我们党情发生了三个深刻变化。一是党的地位发生了根本变化。经过长期的奋斗，我们党已经成为执

1《邓小平文选》第2卷，人民出版社1994年版，第266页。
2《邓小平文选》第2卷，人民出版社1994年版，第271页。

政党，掌握了全国政权。执政地位变化使我们党面临新的考验。但是，党的执政方式和领导方式，包括党和国家现行的具体制度还存在不少弊端，这些都是不适应党的地位发生变化的表现。二是党的任务发生了根本变化。党的工作中心已经从以阶级斗争为中心转到社会主义现代化建设上来了。这就要求党的领导制度、领导作风和领导方法也要相应变化。但是，现有的一些领导体制和方式落后于形势、任务的发展，不适应党肩负的任务发生的变化。三是党所处的环境发生了根本变化。过去，我们是在长期受外部封锁的环境下领导党和国家事业，现在要在改革开放的条件下领导党和国家事业。但是，改革开放以来，党的状况不适应所处环境发生了变化。一些党员干部经不起改革开放和市场经济的考验，出现了理想信念动摇、一切向钱看、以权谋私等现象，这些如不加以克服就会严重腐蚀党的肌体。我国实行改革开放尤其是进行经济体制改革以来，解放和发展了生产力，经济有了明显的发展。与此同时，也出现了经济领域的犯罪活动和党内腐败现象，邓小平敏锐地看到了这个问题并尖锐地指出："但风气如果坏下去，经济搞成功又有什么意义？会在另一方面变质，反过来影响整个经济变质，发展下去会形成贪污、盗窃、贿赂横行的世界。"[1]

鉴于我们党情发生的深刻变化，邓小平鲜明地提出："执政党应该是一个什么样的党，执政党的党员应该怎样才合格，党怎样才叫善于领导？"[2]对这个

1《邓小平文选》第 3 卷，人民出版社 1993 年版，第 154 页。
2《邓小平文选》第 2 卷，人民出版社 1994 年版，第 276 页。

基本问题的回答就是要坚持党的领导，改善党的领导。这就是新时期加强党的自身建设的主要目标。

（二）必须抓好党的建设

邓小平认为，要坚持党的领导，改善党的领导，就必须抓好党的建设。对此，他有一系列富有创造性的论述。

在拨乱反正过程中，邓小平就恢复党的战斗力提出：党应该是一个战斗的队伍。党的十二大决定要在全党开展整党，邓小平指示“一定要搞好这次整党”[1]，要致力于把党建设成为有战斗力的马克思主义领导核心。

在总结20世纪80年代末发生在北京的政治风波的经验教训后，邓小平嘱咐党的第三代领导集体：“常委会的同志要聚精会神地抓党的建设。”[2]在1992年的南方谈话中，邓小平明确指出：“中国的事情能不能办好，社会主义和改革开放能不能坚持，经济能不能快一点发展起来，国家能不能长治久安，从一定意义上说，关键在人。”[3]这里讲的关键在人，就是关键在党、关键在抓好党的建设。党的十三届四中全会决定，整顿全党的思想、组织和作风，在部分单位进行党员重新登记。党的十三届六中全会通过了《关于加强党同人民群众联系的决定》。

总之，邓小平关于坚持党的领导和加强党的建设的思想，是邓小平理论的重要内容，是新时期加强党的建设的强大思想武器，我们可以把邓小平的上述思想

1《邓小平文选》第3卷，人民出版社1993年版，第39页。
2《邓小平文选》第3卷，人民出版社1993年版，第314页。
3《邓小平文选》第3卷，人民出版社1993年版，第380页。

简要梳理概括如下：第一，思想建设：坚持解放思想、实事求是的思想路线；第二，政治建设：坚持党的基本路线一百年不动摇；第三，组织建设：完善民主集中制和改革干部人事制度；第四，作风建设：抓好党风廉政建设和反腐败斗争；第五，制度建设：领导制度、组织制度问题是根本性问题，重在制度建设。

二、“三个代表”重要思想是对党的建设基本问题的全面回答

（一）“三个代表”重要思想的提出

建设什么样的党、怎样建设党，这是中国共产党自身建设的基本问题。应该看到这个党的建设的基本问题在不同时期有不同的内涵和要求。在 20 世纪和 21 世纪之交召开的党的十五大是把中国特色社会主义全面推向新世纪的党的代表大会。新世纪新形势对党的建设提出了新的更高的要求。“三个代表”重要思想由此应运而生。江泽民指出：“时代在发展，形势在变化，我们党要不断巩固自己的执政地位，必须紧跟世界发展进步的潮流，始终代表中国先进生产力的发展要求、先进文化的前进方向和最广大人民的根本利益。”[1]“三个代表”重要思想最初提出是针对党的建设的，后来发展成为指导中国特色社会主义各项事业的纲领，党的十六大决定把“三个代表”重要思想确立为党长期坚持的指导思想，实现了党的指导思想的与时俱进。

（二）“三个代表”重要思想对党的建设基本问题全面回答的述要

“三个代表”重要思想全面回答了进入新世纪的中国共产党如何保持先进

1《江泽民论有中国特色社会主义》（专题摘编），中央文献出版社 2002 年版，第 579 页。

性的问题。“三个代表”重要思想还包含关于党的建设的创造性重大论断。比如，在新的历史条件下判断一个政党的先进性的标准也要与时俱进，“主要应看它的理论和纲领是不是马克思主义的，是不是代表社会发展的正确方向，是不是代表最广大人民的根本利益”[1]。

“三个代表”重要思想回答了如何应对新世纪我们党面临的严峻考验这一问题。我们党在21世纪面临巨大的历史性考验。一是在和平发展的时代条件下，科技革命飞速发展，经济全球化加快进程，强权政治和霸权主义重新出现，世界格局多极化。在这种形势下，我们能否抓住机遇、乘势而上，这是重大考验。二是国内随着经济体制改革的深化和社会主义市场经济的发展，随着社会主义民主政治的推进和依法治国方略的实施，我国社会经济成分、组织形式、就业方式、利益关系和分配方式日益多样化的情况下，新问题、新矛盾层出不穷，这对我们党的领导方式和执政方式、党的领导水平和执政能力、抵御风险和拒腐防变能力提出了重大考验。三是党的干部队伍整体性的新老交替，新党员大量增加，一大批年轻干部走上了重要岗位，一方面给党的发展注入了活力，另一方面1949年以前参加革命工作的领导干部逐步退出领导岗位，这是对党的建设提出的新挑战。全面把握和坚决贯彻“三个代表”重要思想，就能使我们党永远保持党的先进性、战斗力和创造性，就能够从容应对新世纪新挑战对我们党提出的重大考验。党的十五大决定：开展以“讲学习、讲政治、

1《江泽民文选》第3卷，人民出版社2006年版，第285页。

讲正气”为主要内容的党性党风教育，这是中国共产党永葆先进性而进行的自我教育的重要途径。

“三个代表”重要思想还回答了新形势下巩固党的阶级基础和群众基础的问题。中国共产党的性质、宗旨和所具有的先进性，决定了我们党拥有牢固的阶级基础和群众基础。在新的历史条件下，党的阶级基础尤其是群众基础发生了变化，也就是变得更加广泛。“三个代表”重要思想要求新形势下进一步筑牢党的阶级基础和群众基础。

“三个代表”重要思想指出，改革开放以来，我国社会阶层出现了新变化：民营科技企业的创业人员和技术人员、受聘于外资企业的管理技术人员、个体户、私营企业主、中介组织的从业人员、自由职业人员，等等，他们是中国特色社会主义事业的建设者。贯彻“三个代表”重要思想要求我们：承认党的纲领和章程、为党的路线和纲领奋斗、经过长期考验对于其中符合党员条件的优秀分子，我们党应该吸纳他们入党，让他们在党的大熔炉中得以历练。这样有利于壮大党的队伍，保持党的先进性，有利于充分调动社会各方面的积极因素，更有利于增强党在全社会的影响力，巩固党的执政地位。

三、科学发展观是对党的建设基本问题的创新性回答

新世纪新阶段，我们党提出了科学发展观。科学发展观的提出实现了党的指导思想的又一次与时俱进，它对党的建设基本问题作出的创新性回答，主要体现在科学发展观的核心——以人为本以及对保持发展党的先进性、纯洁性和提高党的执政能力提出了新的更高要求上。

（一）以人为本体现了立党为公、执政为民的本质要求

科学发展观核心是以人为本，这里讲的“人”，顾名思义是指人民群众，包括社会各阶层人士在内的最广大人民。这里讲的“本”，是本源问题，即指把最广大人民的根本利益作为落脚点和出发点。一切为了人民，一切依靠人民，是对党的建设基本问题的创新性回答。

中国特色社会主义事业是人民自己的事业，是亿万人民广泛参与的事业，是创造美好生活的事业。全体人民是中国特色社会主义事业的主体力量，充分发挥人民的积极性、主动性、创造性是中国特色社会主义事业兴旺发达的最深厚的力量源泉。我们党的宗旨是全心全意为人民服务。我们党要立党为公、执政为民，充分调动发挥全体人民的积极性、主动性、创造性来促进先进生产力、先进文化的发展。而推动科学发展、社会和谐，就是为了充分调动发挥全体人民的积极性、主动性、创造性来全力建设中国特色社会主义。坚持科学发展观体现了坚持尊重社会发展规律与尊重人民历史主体地位的一致性、坚持为崇高理想奋斗与为最广大人民谋利益的一致性、坚持完成党的各项工作与实现人民利益的一致性、坚持保障人民权益与促进人的全面发展的一致性，做到发展为了人民、发展依靠人民、发展成果由人民共享。

科学发展观的核心是以人为本，这告诉人们：中国共产党除了最广大人民的根本利益以外，没有任何自己的特殊利益。中国共产党的基本责任和根本任

务在于实现好、维护好、发展好最广大人民的根本利益。那么，坚持以人为本意味着人民的利益要高于一切，权为民所用、情为民所系、利为民所谋，坚持一切工作的最高标准，实现好、维护好、发展好最广大人民的根本利益，这是我们贯彻落实科学发展观的根本出发点和落脚点。

胡锦涛指出："只有我们把群众放在心上，群众才会把我们放在心上；只有我们把群众当亲人，群众才会把我们当亲人。"[1]中国共产党的根基在人民、血脉在人民、力量在人民。造福人民是党的一切奋斗的根本所在，党的十七大决定：在全国县处级以上领导班子和领导干部中开展学习贯彻落实科学发展观活动，这是中国共产党继承发扬党的优良传统，为解决新世纪党的建设问题而进行自我教育的重要形式。

（二）贯彻落实科学发展观对保持和发展党的先进性、提高党的执政能力提出了新的更高的要求

我们党的先进性不是从天上掉下来的，也不是与生俱来的。它是在把马克思主义基本原理同国情实际相结合实现理论创新以推进我国社会发展进步的过程中形成的；是在顺应时代发展潮流、不断制定和执行代表最广大人民群众的根本利益的路线方针政策的过程中形成的；是在自我革命不断增强自身创造力、凝聚力、战斗力的过程中形成的；是广大党员凭借牺牲精神和忠诚精神不断为人民群众利益奋斗中形成的。这是现行党章中规定的中国共产党是两个先

1《胡锦涛文选》第 3 卷，人民出版社 2016 年版，第 532 页。

锋队，是中国特色社会主义事业的领导核心的生动体现。

新世纪新阶段，我们党面临长期执政考验、改革开放考验、市场经济考验、外部环境考验是复杂的、严峻的、长期的。精神懈怠危险、能力不足危险、脱离群众危险、消极腐败危险，更加尖锐地摆在全党面前，落实党要管党、从严治党比任何时候都更为繁重、更为迫切。因此，新世纪新阶段贯彻落实科学发展观对保持和发展党的先进性，提出了新的更高的要求。正如胡锦涛指出："一个政党过去先进，不等于现在先进，现在先进，不等于永远先进。"[1]

贯彻落实科学发展观对加强党的执政能力提出了新的更高的要求。提高党领导科学发展的能力是提高党的执政能力的先决要义。党的十六届四中全会将提高党领导科学发展的能力具体化为要提高各级领导干部的5种能力：不断提高发展社会主义民主政治的能力、驾驭社会主义市场经济的能力、构建社会主义和谐社会的能力、建设社会主义先进文化的能力、应对国际局势和处理国际事务的能力。

第四节　党的建设进入新时代

党的十八大的召开，标志中国特色社会主义进入新时代。以习近平同志为核心的党中央以空前力度推进全面从严治党，以坚定政治决心惩治腐败，中国共产党的面貌发生了显著变化，党的建设进入新时代。

1 《胡锦涛文选》第2卷，人民出版社2016年版，第270页。

新时代全面从严治党，是以十八届党中央制定和贯彻“八项规定”为标志拉开序幕的，2012 年 12 月 4 日，中共中央政治局《关于改进工作作风、密切联系群众的八项规定》正式出台，同年 12 月 11 日，中共中央印发了这“八项规定”。这是党的十八大后党中央制定的第一部重要的党规党法。党中央坚决贯彻“八项规定”，力度之大空前未有，明显遏制了长期存在的公款吃喝、铺张浪费、奢靡之风等顽瘴痼疾。据统计：截至 2020 年 4 月末，全国累计查处违反中央“八项规定”的事件有 44 多万起，处理党员干部 62 万余人，给予党纪政纪处分的有 37.8 多万人，起到了强大的震慑作用。“八项规定”是共产党人应该做到的基本要求。由于“八项规定”是从党中央做起、从政治局做起、从领导干部做起，而且党中央强调：“八项规定”不是只管 5 年、10 年，而且要长期坚持，从而取得了很好的效果，表明我们党越来越成熟、越来越强大、越来越有战斗力。

群众路线是党的生命线和根本工作路线。2013 年 5 月 9 日中共中央印发《关于在全党深入开展党的群众路线教育实践活动的意见》，决定在全党进行以为民务实清廉为主要内容的党的群众路线教育活动。这次教育活动围绕保持和发展党的先进性和纯洁性，按照“照镜子、正衣冠、洗洗澡、治治病”的总要求，集中整治“四风”，即形式主义、官僚主义、享乐主义和奢靡之风。以领导机关、领导班子和领导干部为重点，深入贯彻落实“八项规定”，着重解决群众身边的不正之风，让群众满意。开展群众路线教育活动的目的是使全党牢记并践行全心全意为人民服务的根本宗旨，以优良的作风凝聚民心，共同为实现党的十八大确立的伟大目标而努力奋斗。具体方法是开好民主生活会，以整风精神开展批评和自我批评。习近平既肯定了开展这次教育活动的重要意义，又对新形势下全面加强党的建设提出明确要求。

2015 年 4 月中共中央办公厅印发《关于在县处级以上领导干部中开展“三严三实”专题教育方案》。这次教育活动要求是“既严以修身、严以用权、严以律己，又谋事要实、创业要实、做人要实”，在县处级以上领导干部中开展“三严三实”专题教育，切实整顿作风。这次教育活动达到预期效果。2016 年 2 月中共中央办公厅印发《关于在全体党员中开展“学党章党规、学系列讲话，做合格党员”学习教育方案》。这标志着开始在全党进行“两学一做”学习教育，这次教育活动是帮助广大党员坚定马克思主义立场，坚持在思想上政治上行动上同党中央保持高度一致，确保中国共产党始终成为有理想有信念的马克思主义政党。

2019 年 5 月 13 日召开的十九届中共中央政治局会议决定：在全党自上而下分两批开展“不忘初心、牢记使命”主题教育。以习近平同志为核心的党中央非常重视这次主题教育。习近平在“不忘初心、牢记使命”主题教育动员大会上发表重要讲话。他指出以县处级以上领导干部为重点，在全党开展这个主题教育，这是贯彻落实党的十九大的战略部署。这次主题教育总要求是贯彻守初心、担使命，找差距、抓落实。这次主题教育目标是达到理论学习有收获、思想政治受洗礼、干事创业敢担当、为民服务解难题、清正廉洁做表率。这次主题教育根本任务是深入学习贯彻习近平新时代中国特色社会主义思想，团结带领全国各族人民为实现伟大梦想共同奋斗，锤炼忠诚干净担当的政治品格。为此，要将力戒形式主义、官僚主义作为主题教育重要内容，坚持实事求是的思想路线，教育引导党员干部牢记党的宗旨，树立正确政绩观，转变作风，真抓实干。要把学习教育、调查研究、检视问题、整改落实贯穿全过程。

2020 年 1 月，党中央召开了“不忘初心、牢记使命”主题教育总结大会，习近平在会上发表了重要讲话。他充分肯定了这次主题教育达到预期效果，取得重大成果。他总结了六个方面的宝贵经验，并向全党提出了深化自我革命，持续推动“不忘初心、牢记使命”的六条要求。习近平强调：党的初心和使命是党的理想信念、性质宗旨、奋斗目标的集中体现。对全党而言，“不忘初心、牢记使命”是加强党的建设的永恒课题，对全体党员而言，“不忘初心、牢记使命”是常抓不懈的终身课题。我们党近百年来努力、斗争、牺牲和践行，都是为了人民幸福和民族复兴。牢记初心和使命，我们党才能在极端困境中发展壮大。忘记初心和使命，我们党就会改变性质、改变颜色，就会失去人民、失去未来。

2021 年是中国共产党百年诞辰。2021 年 2 月，中共中央印发《关于在全党开展党史学习教育的通知》。2 月 20 日，党中央召开了党史学习教育动员大会，习近平在会上做了重要讲话。他用“三个必然要求”阐述了在全党开展党史学习教育的必要性和重大意义：在全党开展党史学习教育，是牢记初心使命、推动中华民族伟大复兴历史伟业的必然要求，是坚定信仰信念、在新时代坚持和发展中国特色社会主义的必然要求，是推进党的自我革命、永葆党的生机活力的必然要求。他还指出：在全党开展党史学习教育，是党中央立足党的百年历史新起点、统筹中华民族伟大复兴战略全局和世界百年未有之大变局、为动员全党全国满怀信心投身全面建设社会主义现代化国家而作出的重大决策。

习近平在讲话中指出：开展党史学习教育要突出六个方面重点：第一，进一步感悟思想伟力，增强用党的创新理论武装全党的政治自觉。第二，进一步把握历史发展规律和大势，始终掌握党和国家事业发展的历史主动。第三，进一步深化对党的性质宗旨的认识，始终保持马克思主义政党的鲜明本色。第四，进一步总结党的历史经验，不断提高应对风险挑战的能力水平。第五，进一步发扬革命精神，始终保持艰苦奋斗的昂扬精神。第六，进一步增强党的团结和集中统一，确保全党步调一致向前进。由于以习近平同志为核心的党中央高度重视开展好党史学习教育活动并且提出了具体要求，从而保证了这次全党开展党史学习教育取得预期效果。

2021 年 7 月 1 日，习近平在庆祝中国共产党成立 100 周年大会上发表重要讲话（简称“七一”重要讲话），2021 年 11 月 11 日，党的十九届六中全会通过了《中共中央关于党的百年奋斗重大成就和历史经验的决议》（简称第三个历史决议）。“七一”重要讲话和第三个历史决议是阐析中国共产党百年奋斗历史和揭示其发展规律的姊妹篇，是光辉的马克思主义文献，深刻揭示了中国共产党百年奋斗为什么能够成功的规律和未来怎样才能继续成功的根本要求，是足以载入史册的伟大文献。

第四章
中国化马克思主义党建理论的基本要义

中国共产党人把马列主义党建理论同我国国情党情紧密结合起来，在总结一百年党奋斗历史经验的基础上形成了中国化马克思主义党建理论，这是马克思主义中国化创新理论成果。中国化马克思主义党建理论有一个博大精深的理论体系，本章仅从六个方面来阐析其基本要义。

第一节　坚持共产党的性质和宗旨

共产党的性质是党的建设理论的最核心问题。只有回答和解决了这个问题，才能回答和解决党的建设理论的其他基本问题，比如党的指导思想、根本宗旨、奋斗目标和纲领等问题。

一、坚持共产党的性质

共产党的性质是指它区别于其他一切政党的根本规定，也就是指共产党具有先进性这个特质。马克思、恩格斯在科学社会主义奠基之作《共产党宣言》中专门用一章的篇幅论述了“无产者和共产党人”，在这里他们对共产党的性质做了最权威的界定：共产党是以科学社会主义理论为指导的、由工人阶级队伍中先进分子所组成的政党。正因为如此，共产党区别于其他一切政党，具有先进性这个特质。

中国共产党自成立之日就宣示把马克思主义作为自己的指导思想。党的一大把我们党命名为中国共产党，党的二大指出：共产党是工人阶级的先锋军，有一定的党纲，是所有阶级觉悟的无产阶级分子的组合，以打倒资产阶级和资本主义为目的。

中国共产党历届中央领导集体的核心都极其重视坚持党的性质即先进性问题并对此有很多深刻论述。毛泽东指出：“党组织应是无产阶级先进分子所组成，应能领导无产阶级和革命群众对于阶级敌人进行战斗的朝气蓬勃的先锋队组织。"[1]邓小平指出：只有中国共产党，才能联系广大劳动群众。中国共产党的先进性决定了它始终能做到立党为公、执政为民。江泽民认为党的先进性也是要随历史条件的变化而变化发展的。他提出在新的历史条件下，中国共产党的先进性集中体现为"三个代表"。胡锦涛指出：先进性是马克思主义政党的生命所系和本质属性。党的十八大以来，习近平有大量关于坚持共产党性质的重要论述，而这段言简意赅的论述是具有代表性的："中国共产党之所以叫共产党，就是因为从成立之日起我们党就把共产主义确立为远大理想。"[2]

二、坚持共产党的宗旨

党的性质和宗旨联系紧密、不可分割，党的性质决定党的宗旨，党的宗旨反映党的性质。党的宗旨说到底是回答共产党人把人民群众摆在什么位置的问题，也就是党与人民群众的关系这个根本问题。

马克思、恩格斯在创立建党学说尤其是在总结巴黎公社革命经验时明确提出：无产阶级政党与人民群众的关系是社会公仆与社会主人的关系。中国共产党人用自己的语言来表达共产党的宗旨，这就是为人民服务。1944 年 9 月，毛泽东在中央警卫团战士张思德追悼会上以"为人民服务"为题发表了讲话，全面深刻论述了为人民服务的内涵，其中对于共产党宗旨的表述脍炙人口传承至今。中国共产党和党所领导的革命队伍"完全是为着解放人民的，是彻底地为

1《毛泽东年谱（1949—1976）》第 6 卷，中央文献出版社 2013 年版，第 136 页。
2《习近平谈治国理政》第 2 卷，外文出版社 2017 年版，第 34 页。

人民的利益工作的。”[1]11944 年 10 月，毛泽东在接见新闻工作者时指出：“三心二意不行，半心半意也不行，一定要全心全意为人民服务。”从此“为人民服务”表述为“全心全意为人民服务”。然后 1945 年，党的七大正式把“为人民服务”思想写进党章。从此以后，全心全意为人民服务，就成为中国共产党人的根本宗旨，虽然在不同时期、从不同角度对这个根本宗旨有不同论述，但是其实质都是一样的，即一切为了人民、一切依靠人民、一切从人民的利益出发。邓小平认为共产党是“自觉地认定自己是人民群众在特定历史时期为完成特定的历史任务的一种工具。”[2]江泽民认为：“三个代表”重要思想最终要落脚到代表最广大中国人民的根本利益上。胡锦涛指出：以人为本是科学发展观的核心。习近平用“不忘初心、牢记使命”来概括党的宗旨，他指出“说到底是为什么人、靠什么人的问题。以百姓心为心，与人民同呼吸、共命运、心连心，是党的初心，也是党的恒心”[3]。从而使我们党的宗旨具有了新时代的内涵。习近平还强调指出：“不忘初心、牢记使命，必须作为加强党的建设的永恒课题和全体党员、干部的终身课题常抓不懈。”[4]

1《毛泽东选集》第 3 集，人民出版社 1991 年版，第 1004 页。
2《邓小平文选》第 1 卷，人民出版社 1994 年版，第 217 页。
3《习近平谈治国理政》第 3 卷，外文出版社 2020 年版，第 138 页。
4《习近平谈治国理政》第 3 卷，外文出版社 2020 年版，第 538 页。

第二节 坚持共产党的指导思想和奋斗纲领

一、始终不渝地坚持马克思主义

我们党是因马克思主义与中国工人运动和民族解放潮流相结合而诞生的，是因把马克思主义基本原理与中国具体实际和中华优秀传统文化相结合而不断发展壮大的。这就决定了我们党必须始终不渝地坚持和发展作为党的指导思想的马克思主义，这是党领导的事业能从小到大，能从挫折中奋起，能砥砺前行的伟大法宝。我们要善于运用坚持和发展马克思主义这个伟大法宝。

恩格斯指出："我们党有个很大的优点，就是有一个新的科学的世界观作为理论的基础。"[1]恩格斯所说的新的科学的世界观就是指马克思主义。中国共产党历届中央领导集体的核心始终把马克思主义作为指引党和人民前进的伟大旗帜。

主义譬如一面旗子，是大家的指望和趋赴。毛泽东指出："指导我们思想的理论基础是马克思列宁主义。"[2]改革开放伊始，邓小平就代表党中央向全党全国提出了要坚持四项基本原则，其中第一项基本原则就是坚持马克思列宁主义毛泽东思想。20 世纪八九十年代，先是东欧剧变，后是苏联解体，一时间"马克思主义不行了""社会主义终结了"等鼓噪甚嚣尘上。邓小平坚定地回答：马克思主义是真理，真理是打不倒的。江泽民指出："始终坚持马克思主

1《马克思恩格斯选集》第 2 卷，人民出版社 2012 年版，第 10 页。
2《毛泽东文集》第 6 卷，人民出版社 1999 年版，第 350 页。

义基本原理同中国具体实际相结合，坚持科学理论的指导，坚定不移地走自己的路”[1]是我们党总结历史经验得出的基本结论。胡锦涛也指出：马克思列宁主义是我们立党立国的根本指导思想，也是我们战胜艰难险阻、抵御错误思想干扰的强大武器，是全党全国各族人民的共同精神支柱。习近平认为马克思主义始终是我们党的根本指导思想，是参天大树之根本、万里江河之泉源。

二、坚持马克思主义必须发展马克思主义

马克思主义是我们认识世界、把握规律、追求真理、改造世界的强大思想武器。毛泽东是中国共产党党内主张和推动马克思主义中国化的第一人。早在1930年，他撰写《反对本本主义》一文时指出：“我们需要‘本本’，但是一定要纠正脱离实际情况的本本主义。”[2]进入社会主义建设时期，毛泽东鲜明地提出要根据新的实践坚持和发展马克思主义。他指出：“现在，我们已经进入社会主义时代，出现了一系列的新问题……”[3]需要形成新的理论。中国共产党的历届中央领导集体的核心都是用这种科学态度来对待马克思主义的。邓小平要求真正的马克思列宁主义者，要根据现有的客观条件、实际情况来传承马克思列宁主义。实践没有止境，解放思想也没止境。江泽民指出用发展的观点来对待马克思主义，在坚持中发展、在发展中坚持。胡锦涛着重强调马克思主义必须随着实践发展而不断加以发展。理论的生命力在于不断进行创新，习近平

1《江泽民文选》第3卷，人民出版社2006年版，第270页。
2《毛泽东选集》第1卷，人民出版社1991年版，第112页。
3《毛泽东文集》第8卷，人民出版社1999年版，第109页。

将推动马克思主义的发展作为中国共产党人的神圣职责。党的十九届六中全会通过的第三个历史决议，总结了百年来中国共产党人把马克思主义中国化时代化的宝贵经验。

三、始终不渝地坚持共产党的纲领

（一）坚持现阶段纲领和最高纲领的统一

真正的马克思主义者都是现阶段纲领和最高纲领的统一论者。马克思、恩格斯在《共产党宣言》中就阐明了共产党的现阶段纲领和最高纲领。共产党的现阶段纲领是使无产阶级上升为统治阶级，争得民主；最高纲领即崇高理想就是实现共产主义社会，即“代替那存在着阶级和阶级对立的资产阶级旧社会的，将是这样一个联合体，在那里，每个人的自由发展是一切人的自由发展的条件”[1]。

中国共产党人以马克思主义为指导，在我国不同的历史时期制定了不同历史阶段的基本纲领，并把它与共产主义理想紧密结合起来。新民主主义时期，党的基本纲领（总任务）是无产阶级领导的、人民大众的、反对帝国主义、封建主义和官僚资本主义的革命。毛泽东在《新民主主义论》中告诫全党：在为党在新民主主义时期基本纲领而奋斗时，决不能忘记或丢掉了共产主义理想。

新中国成立后，特别是党的十一届三中全会以来，党的重要文献对党的基本纲领和最高纲领有很多精辟论述。党的十三大制定了社会主义初级阶段的基本路线。党的十五大制定了社会主义初级阶段的经济、政治和文化纲领，并把

1《马克思恩格斯选集》第 1 卷，人民出版社 2012 年版，第 422 页。

这些写进了《中国共产党章程》。我们党要求全体党员在为我国社会主义初级阶段纲领而奋斗的同时，不能忘记为共产主义而奋斗。党的十五大要求全党朝着最终实现共产主义的最高纲领奋斗，要求广大党员既不要忘记远大目标，又要为社会主义初级阶段的纲领奋斗，这样的党员才可以称为合格党员。

党的十八大以来，中国特色社会主义进入新时代，世情、国情和党情都发生了很大变化，以习近平同志为主要代表的中国共产党人领导中国人民进行伟大奋斗的同时，非常强调坚持现阶段纲领和最高纲领的统一。习近平指出："我们既要坚定走中国特色社会主义道路的信念，也要胸怀共产主义的崇高理想，矢志不移贯彻执行党在社会主义初级阶段的基本路线和基本纲领，做好当前每一项工作。"[1]

（二）如何坚持现阶段纲领和最高纲领的统一

这是党章对每位共产党员的要求，又是不容易做到的。因为在我们党内长期以来存在两种倾向：一是"一蹴而就论"，即看不到共产主义社会是需要经过长过程的努力奋斗才能实现的。二是"共产主义渺茫论"，即认为共产主义理想说说可以，但真正实现它，那是虚无缥缈的海市蜃楼。这两种倾向都是错误的。那如何才能做到坚持现阶段纲领和最高纲领的统一，我们认为共产党员既要做到胸怀理想信仰，又要脚踏实地工作。

早在新民主主义革命时期，毛泽东就批判了在中国向社会主义发展问题上

1《习近平谈治国理政》第 1 卷，外文出版社 2014 年版，第 23 页。

的“空想家”思想和“毕其功于一役”的“左”的论点。毛泽东对共产主义理想做了精辟论述。“共产主义是无产阶级的整个思想体系，同时又是一种新的社会制度。这种思想体系和社会制度，是区别于任何别的思想体系和任何别的社会制度的，是自有人类历史以来，最完全最进步最革命最合理的。”[1]

社会主义初级阶段是一个很长的历史时期，我们党号召全体党员在为我国社会主义初级阶段纲领而奋斗的同时，还要为实现共产主义而扎扎实实地努力工作。我们为什么能够战胜千难万险从而使革命从挫折走向胜利呢？邓小平认为：“我们有理想，有马克思主义信念，有共产主义信念。我们干的是社会主义事业，最终目的是实现共产主义。”[2]社会主义时期，历届党代会通过的《中国共产党章程》，都有对共产主义理想和信念的深刻论述。

党的十八大以来，以习近平同志为核心的党中央更加重视对党员干部尤其领导干部进行共产主义理想和信念的教育，在这方面可谓言者谆谆。习近平深刻指出：“要教育引导广大党员、干部把践行中国特色社会主义共同理想和坚定共产主义远大理想统一起来，做到虔诚而执着、至信而深厚。”[3]而且习近平认为，现阶段做到践行中国特色社会主义共同理想和坚定共产主义远大理想的统一，是有扎扎实实判断标准的。

1《毛泽东选集》第2卷，人民出版社1991年版，第686页。
2《邓小平文选》第3卷，人民出版社1993年版，第110页。
3《十八大以来重要文献选编》(上)，中央文献出版社2014年版，第116页。

第三节　坚持共产党的领导核心地位

马克思、恩格斯建党学说和列宁新型无产阶级政党理论，都阐述了这个真理：既要革命就要有个革命的政党即共产党。中国近现代历史的发展也证明了这个真理。

一、中国共产党的领导核心地位是历史的结论和人民的选择

在新民主主义革命时期，毛泽东全面深刻地分析了中国革命的两重任务：一是新民主主义革命，二是社会主义革命。这是两个性质不同的革命过程。新民主主义革命是社会主义革命的必要准备，社会主义革命是新民主主义革命的必然趋势。毛泽东明确指出："而中国共产党则从自己建党的那一天起，就把这样两重任务放在自己的双肩之上了，并且已经为此而艰苦奋斗了整整十八年。"[1]

习近平对此有一段深刻而生动的论述："在中华民族积贫积弱、任人宰割的时期，各种主义和思潮都进行过尝试，资本主义道路没有走通，改良主义、自由主义、社会达尔文主义、无政府主义、实用主义、民粹主义、工团主义等也都'你方唱罢我登场'，但都没能解决中国的前途和命运问题。是马克思列宁主义、毛泽东思想引导中国人民走出了漫漫长夜、建立了新中国，是中国特色社会主义使中国快速发展起来了。"[2]历史已雄辩证明，这"一条道路、七个主义"都行不通，都无法改变"落后就要挨打"的命运。中国先进分子从俄国

1《毛泽东选集》第 2 卷，人民出版社 1991 年版，第 652 页。
2　习近平：《关于坚持和发展中国特色社会主义的几个问题》，《求是》2019 年第 7 期。

十月革命以及传入中国的马克思主义真理中找到了答案和出路，在中国共产党的先驱们在对各种主义和思潮的现实比较中选择了马克思主义。马克思主义与中国工人运动、民族解放潮流结合过程中，中国共产党应运而生，领导中国人民走出了漫漫长夜、建立了新中国，中国人民站起来、富起来了。因此，历史和现实都告诉我们，必须坚持中国共产党的领导核心地位，这是历史的结论、人民的选择。

二、必须坚持党的全面领导和改善党的领导

在我国建立起社会主义基本制度后，特别是进入改革开放后，坚持党的领导的内涵、要求和方式等都发生了变化。也就是党的领导要体现在我们国家的各个领域、各个方面，与此同时，也必须要改善党的领导。党的十一届三中全会以来，最早提出要改善党的领导的是邓小平，“为了坚持党的领导，必须努力改善党的领导”[1]。邓小平还对怎样改善党的领导提出很重要的举措。比如，要改革党和国家领导制度，又比如，要加强思想政治工作等。江泽民在党的十六大上对坚持党的全面领导和改善党的领导做了详细论述。前已论及的“两个成为”的判断就是在“十六大”报告中正式提出来的。江泽民还对改革和完善党的领导方式和执政方式做了展开论述。比如，对党的领导主要是对政治、思想和组织领导做了界定，又比如，论述了党委与人大、政府、政协以及人民团体的关系等。胡锦涛从世情国情党情进一步发展变化出发认为：坚持党的全面领

1《邓小平文选》第2卷，人民出版社1994年版，第268页。

导和改善党的领导应抓住这条主线，即“党的执政能力建设和先进性建设”，应把握这个核心内容，即提高各级领导班子的“领导水平和执政能力”。

党的十八大以来，习近平对加强党的领导提出了很多新思想新观点新举措，从而把坚持党的全面领导和改善党的领导提升到新境界。其中有几大亮点体现了这方面的新水平，我们要很好把握。一是党的十九届四中全会把坚持党的全面领导作为一项根本制度固定下来，而且与之相应，制定了六项坚持和改善党的领导的具体制度。二是党的十九届五中全会制定了我国“十四五”时期经济社会发展必须遵循的五条原则，坚持党的全面领导是必须遵循的首要原则。三是“七一”重要讲话用“九个必须”和第三个历史决议用“十个坚持”来概括中国共产党百年奋斗的历史经验，其中第一条都是坚持党的领导。

第四节　坚持党的民主集中制

共产党的性质、宗旨和使命决定它在组织建设上必须实行民主集中制。民主集中制是党的根本组织制度和领导制度，我们要一以贯之坚持贯彻这个制度。

一、民主集中制是党的根本组织制度和领导制度

民主集中制是集中指导下的民主和民主基础上的集中相结合的制度，这是马列主义党建理论的重要内容。党的性质、宗旨和使命决定了我们党必须发扬民主，只有这样才能体现出共产党员的主人翁地位，才能把先进分子吸引到党的队伍中来，才能动员最广大人民群众为实现党的目标而奋斗。与此同时，共

产党又是一个有严密组织和严格纪律约束的高度统一的党。否则，党就会成为一盘散沙而一事无成。

民主集中制是党的根本组织制度和领导制度。民主和集中，缺一不可、互为条件、相辅相成。民主是集中的基础，没有民主只有集中，就是个人专权专断。集中是民主的归宿，没有集中只有民主，就是无政府状态和极端民主化。我们党实行的民主集中制，是既有民主又有集中，既有自由又有纪律，既有个人心情舒畅又有统一意志的民主和集中紧密结合的制度。坚持党中央权威和集中统一领导，同坚持民主集中制是完全一致的。坚持党中央权威和集中统一领导，不是不要民主集中制，不要发扬党内民主，而是体现了在充分发扬民主基础上的正确集中。

二、要始终不渝地坚持党的民主集中制

民主集中制既是党的重要制度，又是党的优良传统。党的一大通过的党纲就是党的第一部制度性文献，党的二大通过的《中国共产党章程》是党的第一部正式党章。党的三大、四大、五大、六大都相继对党的民主集中制度做了论述。党的七大对民主集中制作了更为具体的规定，并根据毛泽东的指示把“四个服从”（个人服从组织、下级服从上级、少数服从多数、全党服从中央）首次写入党章。

1949 年，党中央作出建立中国共产党党组的决定。1953 年，通过了加强干部管理工作的决定，建立了在党的统一领导下分部分级分类管理干部的制

度。1956年，党的八大首次规定党的代表大会实行常任制。

在我们党的历史上有过民主集中制执行得不好甚至遭受严重破坏的惨痛教训。比如，在大革命的后期和土地革命时期，民主集中制既不健全，又执行得不严格，不能制约个别领导人的家长作风，这些家长式的领导人听不进正确意见，使一些坚持正确意见的同志遭受打击排斥，错误思想、错误路线得不到及时纠正，给党和革命事业造成了不可挽回的损失。再比如，“文化大革命”时期的十年内乱，党的民主集中制遭到严重破坏。党的十一届三中全会后，经过拨乱反正、正本清源，党内政治生活逐步走上正常化。党的十一届五中全会通过了《关于党内政治生活的若干准则》，重新恢复了党的民主集中制度。党的十二大以来，历次党代会报告都论述了民主集中制这个党和国家的根本制度。

党的十八大以来，以习近平同志为核心的党中央高度重视以民主集中制为重要内容的党的制度建设。党的十八届三中全会提出深化党的制度建设改革，强化权力运行制约和监督体系。党的十八届四中全会明确指出要“形成完善的党内法规体系”，并把它纳入全面依法治国的体系。党的十八届五中全会提出了“全面从严治党、依规治党”。党的十八届六中全会通过了《中国共产党党内监督条例》和《关于新形势下党内政治生活的若干准则》，并且把“依规治党”载入党内法规。党的十九大提出了新时代党的建设总要求。总之，党的十八大以来，我们在党的制度建设上迈出新的重大步伐，把实行党的民主集中制推进到新的阶段。

第五节 高度重视加强党的自身建设

高度重视加强共产党的自身建设是中国化马克思主义党建理论一以贯之的主线和最重要的内容，因此需要把握加强党的建设的重要性和主题。

一、加强党的建设的重要性

在党的历史上是毛泽东最早把党的建设归结为“这是中国革命取得胜利的三大法宝之一”，也是他最早把党的建设界定为“伟大工程”。统一战线和武装斗争是锐利武器，党的组织是手握锐利武器的英勇战士。这就是三者之间的相互关系，从中可见加强党的建设的重要性。进入社会主义建设时期，我们党仍然十分重视加强党的建设。党的八大是我们党在全国执政后召开的第一次党代会，党的八大根据我们党已经成为执政党的特点作出了关于加强党的建设的新规定。

党的十一届三中全会以来，我们党根据新时期历史任务的变化，在总结党的建设上的正反两面经验基础上更加重视加强党的建设，而且采取了一系列有力举措。邓小平指出：建设“一个什么样的党”的问题，这不仅是我们这一代的问题，也是下一代、再下一代的问题。在总结 1989 年政治风波经验教训后，邓小平告诫党的第三代领导集体：“常委会的同志要聚精会神地抓党的建设。”[1] 在 20 世纪和 21 世纪之交，江泽民根据世情、国情和党情的变化，提出了新时期加强党的建设的总纲领即“三个代表”，并指出“三个代表”是我们

1《邓小平文选》第 3 卷，人民出版社 1993 年版，第 314 页。

党立党之本、执政之基、力量之源。胡锦涛提出：新世纪新阶段，要以加强党的执政能力建设和先进性建设为主线，来加强党的建设。

党的十八大以来，以习近平同志为核心的党中央以坚定的决心和有力的举措抓党的建设。从提出打铁还需自身硬，到打铁必须自身硬，从出台和实行“八项规定”，到制定和实施全面从严治党战略，加强党的建设取得了可喜成果，尤其是形成了中国化马克思主义党建理论最新成果，即习近平新时代中国特色社会主义思想中的党建理论。党的十一届三中全会以来，我们通过开展整党、“三讲”教育活动、先进性教育活动、学习实践科学发展观活动等，有力推进了党的建设新的伟大工程。党的十八大以来，从 2013 年 6 月开始，在全党开展群众路线教育实践活动，这个活动在全党持续了一年半时间。2015 年 4 月，党中央决定在全党县处级以上领导干部中开展“三严三实”专题教育活动。2016 年伊始，在全党范围开展“两学一做”学习教育活动，让学习教育制度化、常态化。2019 年 5 月，开展了“不忘初心、牢记使命”主题教育活动。2021 年 2 月开始，在全党开展为期一年的党史集中学习教育活动。此后，党中央做出关于推动党史学习教育常态化长效化的决定。

二、加强党的建设的主题

回顾中国共产党百年历史，可以清楚地看出：无论是在革命战争年代，还是在建设改革时期，加强党的建设都是我们党永恒的课题。因此应看到，在不同的时代，这永恒课题主题的内容是变化的，党的建设的主题内容的变化是由世情、国情和党情变化所决定的。

新民主主义革命时期，毛泽东认为这伟大工程的主题是：使我们党成为“全国范围的、广大群众性的、思想上政治上组织上完全巩固的布尔什维克化的中国共产党”[1]。党的八大通过的党章是我们党执政后制定并实施的第一部党章，在党的八大通过的党章中并没有明确提出在执政条件下加强党的建设的主题。

党的十一届三中全会以后，是邓小平明确提出了执政党建设的主题。党的十三届四中全会以后，我们把加强党的建设的主题规范地概括为“建设一个什么样的党、怎样建设党”。“三个代表”重要思想全面回答了“建设一个什么样的党、怎样建设党”。科学发展观展开并论述了党的建设的主题即党的先进性和提高党的执政能力。

党的十八大以来，以习近平同志为核心的党中央把回答“建设什么样的长期执政的马克思主义政党、怎样建设长期执政的马克思主义政党”作为新时代党的建设主题。习近平围绕这个主题发表了一系列重要论述，从而把对共产党执政规律的认识提升到新的境界。

第六节　高度重视加强党的干部队伍建设

从研究内容上看，党的干部队伍建设当然属于党的自身建设的范围，但是由于这个问题特别重要，本章把它单列出来专门加以阐述。因为共产党干部队

1　《毛泽东选集》第 2 卷，人民出版社 1991 年版，第 603 页。

伍建设是党的组织建设的最根本内容，是中国共产党这个百年大党能保持风华正茂的“奥秘”所在。

一、政治路线确定之后，干部就是决定的因素

青年干部是党的事业、国家未来和中华民族复兴的希望。所以，我们党历来都重视青年干部的培养。李大钊的这段名言影响深远：青年要“为世界进文明，为人类造幸福，以青春之我，创建青春之家庭、青春之国家、青春之民族、青春之人类，青春之地球、青春之宇宙，资以乐其无涯之生”。新民主主义革命时期，毛泽东在论述党的组织建设时就提出政治路线确定之后，干部就是决定的因素的口号。他在抗日战争时期时指出：没有德才兼备的领导干部，是无法完成中国共产党的历史使命和任务的。进入社会主义时期，毛泽东高瞻远瞩并于20世纪五六十年代提出要培养无产阶级革命接班人这个重大战略问题。

中国共产党历届中央领导集体的核心一以贯之地高度重视党的干部队伍建设。改革开放新时期，邓小平敏锐觉察到由于“文化大革命”的破坏，造成了干部队伍青黄不接，及时提出要实现干部队伍革命化、专业化、年轻化、知识化（简称“干部四化”）的方针，他身体力行抓这项工作。20世纪八九十年代，在总结国内发生政治风波和东欧剧变的教训后，邓小平深刻指出：社会主义事业兴衰成败“关键在人”，这里的“人”当然包括青年干部。江泽民指出必须进一步认识到培养造就一大批中青年领导干部适应新世纪要求的紧迫性和

重要性。胡锦涛也指出马克思主义执政党“要有一大批高素质的善于治党治国治军的领导干部。”[1]

党的十八大以来，中国特色社会主义进入新时代。新时代有“新的历史特点”，习近平论述了进行具有新的历史特点的伟大斗争并要最终取得胜利，关键在党、关键在人。这是以习近平同志为核心的党中央全面审视我们党在新时代承担的新使命后得出的重要判断。

二、建设一支宏大的高素质干部队伍

这部分内容主要是回答：什么样的干部才是好干部，怎样培养出好干部这两个重要的问题。关于第一个问题，从总体上说是德才兼备的干部。那么，德才兼备是具体的、历史的，不同历史时期要求是有所不同的。

在新民主主义革命时期，毛泽东最早提出德才兼备的干部标准。在《为人民服务》《纪念白求恩》和《愚公移山》等文章中毛泽东给我们生动描述了这样的干部才是好干部：要像张思德那样有全心全意为人民服务的精神，要像白求恩那样做一个高尚的人，要像愚公那样有挖山不止的吃苦耐劳精神。在社会主义革命和建设时期，好干部的标准就是懂业务懂政治、又红又专的干部。

改革开放以来，邓小平彻底拨乱反正，全面论述了红与专的辩证关系，用“四化”来诠释干部的德才标准。这时期在德这方面，邓小平很重视干部对待党的十一届三中全会的路线方针政策，即对改革开放和四项基本原则的态度。

1《胡锦涛文选》第 3 卷，人民出版社 2016 年版，第 15 页。

他在谈到选好干部的标准时指出主要有两条：一是真心拥护党的十一届三中全会的政治路线和思想路线，二是讲党性，不搞派性。世纪之交，我们党面临又一轮新老干部交替，江泽民从要把中国特色社会主义事业全面推向新世纪的战略上考虑，选拔干部的标准是忠诚于马克思主义、能治党治国、坚持走中国特色社会主义道路的新一代政治家。胡锦涛指出要着眼于党和国家事业长远发展，切实把德才兼备、实绩突出、群众公认、善于领导科学发展的优秀干部选拔到各级领导岗位上来，切实把各方面优秀人才集聚到党和国家各项事业发展中来。

党的十八大以来，习近平根据新的历史特点对领导干部的德才标准做了既详细具体又言简意赅的论述。他把好干部标准的时代内涵概括为政治上靠得住、工作上有本事、作风上过得硬、人民群众信得过。习近平指出："概括起来说，好干部要做到信念坚定、为民服务、勤政务实、敢于担当、清正廉洁。"[1]他还用"忠诚、干净、担当"来概括新时代好干部的德才标准。

关于第二个问题即怎样培养出好干部这个问题，我们党的领导人有很多精辟的论述。概括起来说，主要是两句话：实践锻炼、理论武装。先说实践锻炼。毛泽东认为年轻干部应该到大风大浪中锻炼。在革命战争年代就是要在冲锋陷阵、英勇杀敌中成长。在社会主义时期就是要积极参加阶级斗争、生产斗争和科学实验等实践。

1 《习近平谈治国理政》第1卷，外文出版社2014年版，第412页。

改革开放和社会主义现代化建设时期，邓小平鼓励年轻干部要积极投身到改革开放的大潮中去。他认为要把年轻干部放到第一线压担子。江泽民指出我们在前进道路上会有各种困难、挑战和风险，因此“要注意让中青年领导干部在各种重大斗争中经受风浪的考验”[1]。胡锦涛要求广大年轻干部自觉提出来到艰苦地区、复杂环境、关键岗位，砥砺品质、锤炼作风、增长才干。

党的十八大以来，习近平非常重视培养年轻干部这事关全局的重大战略，有过大量深刻的论述。他曾引用古人刘向讲过的话：“耳闻之不如目见之，目见之不如足践之”，来说明实践锻炼对于培养青年干部的重要性。习近平要求干部要深入实际、深入基层、深入群众，改革发展的主战场、维护稳定的第一线、在服务群众的最前沿，砥砺品质、提高本领、经受锻炼、增长才干。

我们党始终重视对领导干部尤其是年轻干部的理论武装。1938 年，毛泽东指出：“如果我们党有一百个至二百个系统地而不是零碎地、实际地而不是空洞地学会马克思列宁主义的同志，就会大大提高我们党的战斗力量。”[2]进入社会主义革命和建设时期，毛泽东依然重视领导干部学习理论尤其是马克思主义经典理论，多次亲自列出要重点学习的马克思主义经典著作书单。

进入改革开放新时期，邓小平对有些领导干部对理论武装的认识误区进行了严肃的批评，提出发展马克思主义理论的要求。江泽民在讲到要加紧培养适

1 《江泽民文选》第 3 卷，人民出版社 2006 年版，第 45—46 页。
2 《毛泽东选集》第 2 卷，人民出版社 1991 年版，第 192 页。

应新世纪要求的中青年领导干部时指出，要使他们掌握马克思主义的立场、观点、方法，提高其理论素养。胡锦涛指出：中国共产党是一个在十几亿人口大国执政的马克思主义政党，“要凝聚力量、统一行动，一是要靠严密的组织，二是要靠统一的思想”[1]。

党的十八大以来，习近平就领导干部尤其是中青年领导干部学理论有大量重要的论述和具体要求。其要点有：一、指出了这个问题的重要性。培养选拔优秀年轻干部是百年大计，关乎党、国家、民族、人民的前途命运。二、对中青年领导干部提出了明确的要求。1. 要在常学常新中加强理论修养。2. 要对党忠诚、对人民感恩、对法纪敬畏、对事业进取。3. 指明了学习理论的具体方法。如要舍得花时间花精力学习，既要全面系统学习又要理论联系实际，要紧密结合新时代新实践，有针对性地重点学习，学理论要学原文、读原著、悟原理，强读强记。最终做到学、思、用贯通，知、信、行统一。

1《胡锦涛文选》第 3 卷，人民出版社 2016 年版，第 12-13 页。

第五章
中国化马克思主义党建理论最新成果的逻辑建构和主要内容

本书第三、第四章回顾和梳理了百年来中国化马克思主义党建理论的形成过程，并对这个理论的基本内容从六个方面（四个“坚持”、两个“重视”）进行了概括，从而构建了中国化马克思主义党建理论的基本框架。

中国化马克思主义党建理论是指一百年来中国共产党人把马列主义党建理论基本原理与中国革命、改革、建设的实际特别是中国共产党自身建设实际相结合的重大成果，是集体智慧的结晶。以习近平同志为主要代表的中国共产党人以大历史观总结党的百年历史经验特别是党的十八大以来全面从严治党经验，形成了内涵丰富、思想深刻、包含许多原创性贡献的中国化马克思主义党建理论最新成果。本章全面论述这个最新成果的逻辑建构和主要内容。

第一节　新时代党的建设的基本纲领

党的十九大第一次全面论述了新时代党的建设总要求，论述全面，内涵丰富而且极其重要，可以说是现阶段党的建设的基本纲领。

一、党的纲领的重要性

党的纲领是在全世界面前树立起来的供人们衡量党的运动水平的里程碑。所以，马克思主义创始人都非常重视党的纲领制定，这可以从马克思、恩格斯对待3部党纲的不同态度看出来。

马克思主义经典著作是马克思、恩格斯留给后人的弥足珍贵的思想遗产，其中有3篇重要文献体现了他们对3部党纲的不同态度，这3篇重要文献是《共产党宣言》（1848年）、《哥达纲领批判》（1875年）、《1891年社会民主党纲领草案批判》（1891年）。

对待3部党纲，马克思、恩格斯是持有不同态度的。《共产党宣言》是马克思、恩格斯精心为世界上第一个国际性共产党组织“共产主义者同盟”所起草的党纲。这是一部周详的理论和实践的党纲，体现在其深刻阐述了人类社会历史的发展规律，系统论述了科学社会主义基本原理。《共产党宣言》的问世是马克思主义理论体系诞生的标志。马克思主义超越时空的价值在《共产党宣言》中得以充分论证和体现。1913年，伟大马克思主义者列宁在《马克思学说的历史命运》一文中揭示了《共产党宣言》所具有的理论价值：《共产党宣言》对马克思主义学说做了系统的、完整的、至今仍然是最好的阐述。

《哥达纲领批判》是马克思针对《哥达纲领》草案所写的严厉的批判性意见。1875 年，在德国工人运动中的两派即爱森纳赫派和拉萨尔派决定合并，并拟定了党纲草案即《哥达纲领》草案。马克思、恩格斯看了这个党纲草案后非常气愤，认为这是一个“极其糟糕的、会使党精神堕落的纲领”[1]。马克思对《哥达纲领》草案进行了逐条逐句的剖析和批判，在这过程中阐释了一系列科学社会主义重要思想和原则。《哥达纲领批判》是继《共产党宣言》《社会主义从空想到科学的发展》发表之后又一部深刻论述科学社会主义基本理论的重要著作。

1890 年 10 月，德国社会民主党在哈雷召开了第一次代表大会，会上形成了社会民主党纲领草案。也就是后来收入《马克思恩格斯全集》的《1891 年社会民主党纲领草案》。恩格斯对待这部党纲的态度是介于《共产党宣言》与《哥达纲领》之间的。恩格斯认为这部党纲要“大大优于”《哥达纲领》，对于这个纲领草案，恩格斯修改了绪论等部分，与此同时，恩格斯还提出了非常重要的科学社会主义观点。恩格斯敏锐地看到了德国社会民主党出现的机会主义思潮，在文中批评了此时党内出现的“现代的社会正在长入社会主义”的错误观点。

从马克思、恩格斯在《共产党宣言》(1848 年)、《哥达纲领批判》(1875 年)、《1891 年社会民主党纲领草案批判》(1891 年) 3 部党纲所体现出

1《马克思恩格斯选集》第 3 卷，人民出版社 2012 年版，第 355 页。

的不同态度和做法，可以看出他们高度重视党的纲领的重要作用。

重视党纲的制定和作用，也是中国共产党的优良传统。早在建党初期，毛泽东就提出，“主义譬如一面旗子，旗子立起了，大家才有所指望，才知所趋赴”[1]。中国共产党一大把共产主义郑重地写入党纲，中国共产党二大以后将党纲修改为党章（党章中有总纲）。自党的十一届三中全会之后，对于党章，每次党代会都会加以修改和完善。中国共产党还明确地把党的纲领划分为党的基本纲领和最高纲领。可以说，新时代党的建设总要求是中国特色社会主义基本纲领的重要内容。

二、党的建设总要求是新时代党的建设的基本纲领

（一）党的建设总要求是党的十九大对党的基本纲领的新表述

党的十九大概括的党的建设总要求其内涵十分丰富。一是提出了党的建设的总原则：“坚持和加强党的全面领导”。坚持和加强党的全面领导是我们战胜一切困难和风险的定海神针，党的领导是全面的、整体的，必须落实到各个领域、方方面面，哪个领域或哪个方面党的领导弱化了，都会使党和人民的事业遭受损失。二是明晰了党的建设的指导方针：“坚持党要管党、全面从严治党”。历史经验告诉我们：中国要出问题，还是出在共产党内部。如果治党不严、管党不力，党所肩负的历史使命就无法完成，党不可避免地会被历史所淘汰。治国必先治党、治党务必从严。三是确定了党的建设的主线：“以加强

1《毛泽东早期文稿（1912.6—1920.11）》，湖南人民出版社1990年版，第554页。

党的长期执政能力建设、先进性和纯洁性建设为主线”。共产党一旦丧失先进性、纯洁性，就不称其为共产党，我们党不但要政治过硬还要本领高强，才能完成新时代赋予我们的使命。因此，这条主线极为重要，是马克思主义执政党的生命，将伴随我们党执政全过程。四是制定了党的建设的总体布局：“全面推进党的政治建设、思想建设、组织建设、作风建设、纪律建设，把制度建设贯穿其中，深入推进反腐败斗争”。这个总体布局突出了政治建设的统领地位和纪律建设的治本之策，从而抓住了关键。五是提出了党的建设的基本要求：“不断提高党的建设质量”。党的十九大提出了要实现我国高质量发展，这当然包括要不断提高党的建设的质量。可以说，只有确立党建的质量标准，不断提升党建的科学化水平，才能把党建设得坚强有力。六是确立了新时代党的建设的目标：“把党建设成为始终走在时代前列、人民衷心拥护、勇于自我革命、经得起各种风浪考验、朝气蓬勃的马克思主义执政党”。这个目标折射出新时代中国共产党人的使命担当、价值取向和政治定力。

（二）新时代党的建设总要求是指引党进行自我革命的总纲

中国特色社会主义进入新时代，党的建设也随之进入新时代。以习近平同志为核心的党中央把我们党领导中国人民进行长期的革命、建设和改革的实践，用社会革命和自我革命加以概括，并且制定了新时代党的建设总要求。这是对党的建设总布局的重大创新，是中国化马克思主义党建理论最新成果的核心要义，是习近平新时代中国特色社会主义思想极其重要的内容，这是中国共产党人对马列主义党建理论作出原创性贡献的重要体现。党的十九届六中全会在党的十九大“八个明确”的基础上用“十个明确”高度凝练地概括了习近平新时代中国特色社会主义思想的核心内容，其中一个“明确”就是“明确全面从严治党的战略方针，提出新时代党的建设总要求”。

需要指出的是，在党的十九大之前，党的文献曾用过“党的建设总布局”的提法，它的内容包括党的五大建设，这无疑是正确的党的建设思路。党的十九大制定的新时代党的建设总要求，在总结党的十八大以来党的建设丰富经验的基础上增加了两大建设，即政治建设和纪律建设。还需要指出的是，这绝不仅仅是数量的增加，这是在总结党的十八大以来全面从严治党实践经验的基础上实现的党建理论重大创新。把党的建设总要求作为指引新时代党自我革命的总纲，充分体现了习近平的战略思维。党的十八大以来，习近平总书记以实现中华民族伟大复兴为目标，统筹国际国内两个大局，在不断总结实践经验的基础上，形成了执政新方略和治国理政新理念新思想新战略，极大地推动了党和国家事业的变革，取得了辉煌成就。在推进社会主义现代化建设上，提出了“五位一体”的总体布局。在经济建设上，提出了经济发展新格局和全面深化改革的新思路。在文化建设上，提出了吸收中华优秀传统文化、弘扬革命文化和建设社会主义文化的战略。在安全问题上，提出了总体国家安全观。在党的建设上，提出了新时代党的建设总要求，这是党进行伟大自我革命的主要内容，是对马列主义党建理论作出的原创性贡献。

第二节 中国化马克思主义党建理论最新成果的核心

党的十八大以来，以习近平同志为核心的党中央抓党建的成效是明显的，是举世公认的，这在我们党的建设历史上是具有里程碑意义的。党的十九大突出强调党的政治建设，提出“把党的政治建设摆在全面从严治党的首位”，这是对马列主义党建理论的重要发展和创新，同时也是中国化马克思主义党建理论最新成果的核心。

一、党的政治建设是党的根本性建设

（一）重视政治建设是由马克思主义政党的根本属性决定的

政党政治理论认为，政治性是政党的根本属性。因为政党是代表社会中特定阶级阶层或集团利益的政治组织，因此，它有相应政治目标、政治纲领、政治路线、政治组织、政治体制机制等。

马列主义党建理论认为，任何政党都有政治属性，因为政党都有政治使命、政治目标、政治追求等。因此确切地说，政治属性是政党的首要属性，政治建设是政党的重要建设。马克思主义者从来不忌讳谈政党的政治性。讲政治或维护无产阶级政党政治性，是马克思主义政党政治建设的内在要求。

马克思、恩格斯在《共产党宣言》中指出：无产阶级政党虽然来自工人阶级，但它不同于一般的工人阶级政党，根本区别于资产阶级政党。正如恩格斯指出：“工人的政党不应当成为某一个资产阶级政党的尾巴，而应当成为一个

独立的政党，它有自己的目的和自己的政治。”[1]列宁深刻指出：“一个阶级如果不从政治上正确地看问题，就不能维持它的统治。”[2]列宁有句名言：“给我们一个革命家组织，我们就能把俄国翻转过来！”[3]因为在列宁看来，马克思主义政党在俄国革命发展过程中起着决定性的作用，这是无产阶级政党的政治性的有力佐证。列宁严厉批判工联主义反对用科学社会主义指导工人阶级运动的政治错误。列宁同“左”派共产党人做坚决斗争，严厉批判了他们反对“领袖”、反对“权威”、反对无产阶级专政等政治上和理论上的错误。综上所述，我们完全可以得出这个重要结论，即讲政治是马克思主义政党的本质属性和根本要求。

中国共产党亦如是，有着严格的政治规定和政治纪律以及鲜明的政治抱负和政治立场。在新民主主义革命时期，我们党清醒看到中国共产党党员大多来自农民和小资产阶级，因此，必须解决好思想建党理论强党的问题。土地革命时期，在毛泽东领导下召开的古田会议解决了这个政治问题。

在改革开放新时期，我们党一直坚持讲政治这个党的根本属性。邓小平强调各级领导干部要善于从政治上观察和处理问题。邓小平有段名言：“改革、现代化科学技术，加上我们讲政治，威力就大多了。到什么时候都得讲政

1《马克思恩格斯选集》第 3 卷，人民出版社 2012 年版，第 170 页。
2《列宁选集》第 4 卷，人民出版社 2012 年版，第 408 页。
3《列宁选集》第 1 卷，人民出版社 2012 年版，第 406 页。

治。”[1]他还说过：“在经济问题上，我是个外行；也讲了一些话，都是从政治角度讲的。”[2]江泽民强调指出：领导干部要善于从政治上正确认识和判断形势。党的十五大后，开展了“讲学习、讲政治、讲正气”学习教育活动。胡锦涛指出：学习是基础，政治是大局，正气是保证，全党同志要讲政治、顾大局、守纪律，讲政治是保持党的先进性、纯洁性的根本要求。

进入新时代，以习近平同志为核心的党中央更加重视政治建设，强调要把政治建设摆在党的建设首位。习近平指出：“旗帜鲜明讲政治是我们党作为马克思主义政党的根本要求。党的政治建设是党的根本性建设，决定党的建设方向和效果。保证全党服从中央，坚持党中央权威和集中统一领导，是党的政治建设的首要任务。”[3]

（二）党的政治建设是党的根本性建设

政治建设是党的建设的首要内容，它关系我们党举什么旗、走什么路、实现什么样的目标，关系党的前途和命运。这是因为就党的政治建设内容而言，党的政治领导的坚持、党的政治信仰的坚定、党的政治路线的制定直接关乎着党的政治方向、政治原则、政治道路这些极其重要的问题。党的政治建设是一个永恒课题，是党从胜利走向胜利、不断发展壮大的重要保证，来不得半点松懈。重视政治建设是我们党的优良传统，“从古田会议上毛泽东同志提出思想

1《邓小平文选》第3卷，人民出版社1993年版，第166页。
2《邓小平文选》第3卷，人民出版社1993年版，第77页。
3《十九大以来党的重要文献选编》(上)，中央文献出版社2019年版，第44页。

建党、政治建军原则，到 1945 年党的七大提出‘首先着重在思想上、政治上进行建设，同时也在组织上进行建设’；从新中国成立后毛泽东同志提出‘政治工作是一切经济工作的生命线’，到改革开放后邓小平同志强调‘到什么时候都得讲政治’”[1]，我们党对党的政治建设的重视是一以贯之的。

党的政治建设之所以重要，还因为它在党的建设中处于统领地位。以思想建设为例，只有坚定政治信仰和信念，坚持以马克思主义为指导，用党的创新理论武装全党、教育人民，才能使大家思想统一、形成合力、共同奋斗。以组织建设为例，必须把政治标准放在首位，在当前体现为要坚定“四个自信”、增强“四个意识”、做到“两个维护”，全面执行党的路线方针政策，只有这样才能打造自身过硬的党。以基层组织建设为例，需要从政治高度来看这“最后一公里”的建设。基础不牢地动山摇。要突出基层组织的政治功能，以提升组织力为重点，充分发挥其战斗堡垒作用。正如习近平指出：党的政治建设决定党的建设的方向和效果，不抓党的政治建设或背离党的政治建设指引的方向，党的其他建设就难以取得预期成效。

二、持之以恒地推进党的政治建设

但在现实生活中，一段时间以来，我们党的政治建设有所放松，并没有抓好、抓紧、抓实，出现了宽、松、软的状况。为了突出强调加强政治建设的重要性，习近平在党的十九大上论述这个问题时一共用了十几个关于政治的提

1　习近平：《总结党的历史经验 加强党的政治建设》，《求是》2021 年第 16 期。

法，譬如，政治建设、政治路线、政治立场、政治纪律、政治规矩、政治方向、政治原则、政治生态、政治性，还有政治道路和政治文化等，这是以往党的文献所没有的。充分体现了以习近平同志为核心的党中央高度重视党的政治建设。那么应该怎样持之以恒地推进党的政治建设？我们认为，要在总结长期以来党的建设尤其是党的十八大以来推进党的政治建设实践经验的基础上，主要从以下四个方面持续推进党的政治建设。

（一）制定并坚持党的正确的政治路线

党的政治路线是党的纲领、方针和政策的集中体现。毛泽东说过："思想上政治上的路线正确与否是决定一切的。"[1]可见正确政治路线的重要性。历史也已经证明：党的政治路线是党和国家的生命线、人民的幸福线，政治路线正确与否决定党和国家事业兴衰成败。

新中国成立后，我们党制定了过渡时期总路线。这条总路线符合我国国情，在这条正确政治路线的指引下，我们胜利地完成了"一化三改"，在没有发生大的社会动荡的背景下，实现我国社会制度的深刻变革，建立起了社会主义基本制度。党的十一届三中全会后，实事求是的思想路线的重新确立，实现了党和国家工作重心的转移，提出了社会主义现代化建设的目标。邓小平指出，实现社会主义现代化就是新时期党的政治路线。1987 年，党的十三大制定了"一个中心、两个基本点"的基本路线，这条基本路线也就是政治路线。现

1《毛泽东年谱（1949—1976）》第 6 卷，中央文献出版社 2013 年版，第 348 页。

在我国进入新发展阶段，第一个百年目标已经胜利实现，第二个百年目标已经开启，即要在本世纪中叶把我国建设成为社会主义现代化强国，实现第二个百年奋斗目标，这就是我们党在新发展阶段的政治路线。

当然，思想路线与政治路线是不可分割的，二者是有紧密联系的。思想路线是制定政治路线的前提和基础，政治路线能够保证思想路线落到实处。正如邓小平指出的：真理标准的讨论是基本建设，不解决思想路线问题，思想不解放，正确的政治路线就无法制定出来，即使制定出来了，也贯彻不下去。我们的政治路线就是搞社会主义现代化建设。那又如何制定政治路线并把它落到实处呢？根据我们党的历史经验和党的十八大以来的党的政治建设经验，那就是要不折不扣地贯彻民主集中制。前已论述，民主集中制既是我们党的优良传统，又是党的根本组织制度。因为只有集中全党智慧，才能制定出正确的政治路线。党的十八大以来，历次党代会报告和历次全会决议的形成，无不是我们坚决贯彻民主集中制的结果，无不凝结着全党智慧的结晶。我们党的第三个历史决议的形成，是充分发扬党内外民主，吸收了全党智慧的成果。此外，只有通过民主集中制，在全党统一了思想的前提下，才能保证全党步调一致地贯彻党的正确的政治路线。

（二）始终不渝地坚持党的政治领导

党的领导是全面的、系统的、整体的，体现在党和国家事业各个方面，而坚持党的政治领导是最为重要的。回顾党的十一届三中全会以来党的文献关于党的领导的论述，对于始终不渝地坚持党的政治领导大有裨益。

党的十二大通过的党章把党的政治、思想和组织这三大方面领导之一的“政治领导”放在重要位置。党的十三大报告指出：“党的领导是政治领导，即政治原则、政治方向、重大决策的领导和向国家政权机关推荐重要干部。”[1]党的十四大通过的党章在恢复了党的十二大党章的提法的同时，增加了“党要适应改革开放和社会主义现代化建设的要求，加强和改善党的领导。”[2]党的十五大通过的党章关于党的领导的提法与党的十四大党章的提法完全一样。党的十六大报告对党的领导加以展开：“党的领导主要是政治、思想和组织领导，通过制定大政方针，提出立法建议，推荐重要干部，进行思想宣传，发挥党组织和党员的作用，坚持依法执政，实施党对国家和社会的领导。”[3]党的十七大通过的党章关于党的领导是：“党的领导主要是政治、思想和组织的领导。党要适应改革开放和社会主义现代化建设的要求，坚持科学执政、民主执政、依法执政，加强和改善党的领导。”[4]党的十八大通过的党章关于党的领导的提法与党的十七大通过的党章的提法完全一样。党的十九大和十九大通过的党章关于党的领导内容的论述是迄今为止最为丰富的，其中有以往党章中所没有的提法。党的十九大还首次明确指出：“把党的政治建设摆在首位”“坚持和加强党的全面领导”。

1《十三大以来重要文献选编》(上)，人民出版社 1991 年版，第 36 页。
2《十四大以来重要文献选编》(上)，人民出版社 1996 年版，第 55 页。
3《十六大以来重要文献选编》(上)，中央文献出版社 2005 年版，第 26 页。
4《改革开放三十年重要文献选编》(下)，人民出版社 2008 年版，第 1749 页。

总而言之，坚持党的政治领导从根本上讲是要增强“四个意识”，做到“两个维护”。今后我们仍然要始终不渝地坚持党的政治领导，这是实现第二个百年奋斗目标的根本保证。

（三）不断提高各级党组织和领导干部的政治能力

党的十九大指出：我们党既要政治过硬，也要本领高强。不断提高各级党组织和领导干部能力是加强政治建设的主要内容。党的十九大着重论述了要增强8种本领：增强学习本领、政治领导本领、改革创新本领、科学发展本领、依法执政本领、群众工作本领、狠抓落实本领和驾驭风险本领，其实这8种本领应该说都属于政治能力范畴。

党的十九大讲的政治能力其主体是指各级党组织和领导干部，其客体就是指把握方向、把握大势、把握全局的能力、辨别是非、保持政治定力、驾驭政治局面、防范政治风险的能力。各级党组织是由不同层次或不同组织形式组成的。无论是各级党组织，还是各级领导干部，都要做到像习近平指出的那样：必须增强政治意识，善于从政治上把握问题，善于控制政治大局，不断增强政治领悟力、政治判断力、政治执行力，这是提高政治能力的必然要求。

（四）形成风清气正的党内政治生态

这是习近平新时代中国特色社会主义思想中的党建理论的原创性成果。2013年1月22日，在十八届中央纪委二次会议上，习近平第一次提出了“党内政治生态”这一命题，随后在各个重要场合从不同角度论述了这个重大命题。其要点有三：一是良好党内政治生态极其重要。2016年10月，习近平在党的十八届六中全会上的讲话中从5个方面分析了党内亟待解决的矛盾和问题，他用4个“严重”来概括这些矛盾和问题带来的消极后果。形成风清气正的党内政治生态既是一个重大命题，又是全面从严治党要达到的重要目标。

二是要正确处理党内政治生活、政治生态、政治文化的关系。因为这三者联系密切。如果党内政治生活不正常，就会严重影响党内政治生态，而党内政治生态不好，必然会破坏党内正常的政治生活，因此，党内政治生态不好与不正常的党内政治生活二者是交叉感染的。这好比池塘里死了几条鱼，可能是鱼本身的问题，但如果死了一大片，那就是池塘的生态出问题了。正如习近平指出：“党内政治生活、政治生态、政治文化是相辅相成的，政治文化是政治生活的灵魂，对政治生态具有潜移默化的影响。要注意加强党内政治文化建设，倡导和弘扬忠诚老实、光明坦荡、公道正派、实事求是、清正廉洁等价值观，旗帜鲜明抵制和反对关系学、厚黑学、官场术、‘潜规则’等庸俗腐朽的政治文化，不断培厚良好政治生态的土壤。”[1]

三是要加强党内政治文化建设。形成风清气正的党内政治生态需要依靠多种途径，比如，思想教育是根本、组织生活是经常性手段、用人选人是导向、规章制度是保障、严明纪律是关键、继承和创新是重要途径，等等。但是在这些途径中最为基础的和最为根本的是加强党内政治文化建设。所谓政治文化从

1《十八大以来重要文献选编》(下)，中央文献出版社2018年版，第458页。

根本上讲就是制度文化。党的十八届四中全会通过的《决定》，在党的文献中第一次提出了法治文化这个概念，习近平在党的十八届六中全会上提出并阐述了党内政治文化。“法治文化”和“党内政治文化”都属于制度文化范畴，这是中国化马克思主义党建理论的原创性观点。制度文化是指在制度不断发展和完善过程中形成的一种特有文化，它会反过来对制度的更加成熟、更加定型起着极为重要的作用。而党内政治文化即制度文化又与中华优秀传统文化、革命文化和社会主义文化等有密切联系，它在形成风清气正的党内政治生态中起着基础性的巨大作用。

新时代，以习近平同志为主要代表的中国共产党人以政治建设统领党的建设，从根本上讲，这是由党的初心和使命所决定的，是由政治建设在立党兴党中的核心地位所决定的，是由新时代党领导的伟大事业和正在进行的具有新的历史特点的伟大斗争所决定的。纲举才能目张，抓住政治建设这个根本，就是抓住了党的建设的“纲”，就能更好地带动其他方面党的建设，从而促进整个党的事业的蓬勃发展。

第三节　中国化马克思主义党建理论最新成果的根本要求

坚持和加强党的全面领导，是在总结世界社会主义兴衰成败基础上得出的重要结论，也是中国化马克思主义党建理论最新成果提出的根本要求。

一、党是领导一切的

必须坚持共产党的领导是中国共产党人一以贯之的根本原则，也是总结其他社会主义国家兴衰成败历史经验后得出的重要结论。20 世纪八九十年代，先是东欧剧变，后是苏联解体。中国共产党人冷静而全面地分析了东欧剧变、苏联解体的原因和教训后认为，东欧剧变、苏联解体虽然有多方面的原因，但是，最根本的、最致命的原因，就是他们放弃了共产党领导，苏联东欧共产党在敌对势力政治进攻面前，妥协让步、节节败退。尤其是苏共领导人戈尔巴乔夫主动放弃了共产党领导，宣布解散苏共，“苏联共产党偌大一个党就作鸟兽散了，苏联偌大一个社会主义国家就分崩离析了”[1]。

党的十八大以来，以习近平同志为主要代表的中国共产党人在总结长期历史经验的基础上，在统筹推进“五位一体”总体布局、协调推进“四个全面”战略布局的实践中，在中国共产党领导人民进行的伟大社会革命和党的自我革命的斗争中，对坚持党的全面领导形成了新的认识，作出了新的概括，从而开拓了坚持党的全面领导新的境界。

这些新认识和新概括主要有：中国共产党领导是中国特色社会主义最本质的特征，是中国特色社会主义制度的最大优势；党政军民学，东西南北中，党是领导一切的，党是最高政治领导力量；坚持和完善党的全面领导，是党和国家的根本所在、命脉所在，也是全国各族人民的利益所系、幸福所系；我国

1 习近平：《关于坚持和发展中国特色社会主义的几个问题》，《求是》2019 年第 7 期。

社会主义政治制度优越性的一个突出特点是，坚持党总揽全局、协调各方的领导核心地位。勇于自我革命，从严管党治党，是我们党最鲜明的品格，是我们党最大的优势；我们党之所以有自我革命的勇气，是因为我们党除了国家、民族、人民的利益，没有任何自己的特殊利益；中国共产党是为中国人民谋幸福和为中华民族谋复兴的政党，也是为人类进步事业而奋斗的政党；等等。尤为重要的是，党的十九大明确提出“中国特色社会主义最本质的特征是中国共产党领导，中国特色社会主义制度的最大优势是中国共产党领导”；十三届全国人大一次会议把“中国共产党领导是中国特色社会主义最本质的特征”写入宪法；党的十九届四中全会审议通过的《中共中央关于坚持和完善中国特色社会主义制度、推进国家治理体系和治理能力现代化若干重大问题的决定》把“坚持党的集中统一领导”摆在我国国家制度和国家治理体系具有的13个方面显著优势之首，并把“坚持和完善党的领导制度体系”放在首要位置。党的领导必须是系统的、全面的、整体的，体现在经济建设、政治建设、文化建设、社会建设、生态文明建设、国防军队、祖国统一、外交工作、党的建设等各个方面。坚持党的领导是方向性问题，需要立场坚定、必须旗帜鲜明。这些重要举措在理论和实践层面把坚持党的全面领导推向了新的境界。

总之，坚持党的领导是马列主义党建理论和国家学说的核心观点，是我们党新时代统揽“四个伟大”、战胜各种风险挑战的内在要求，是实现第二个百年目标的根本保证，是实现民族复兴的定海神针。

二、把坚持和完善党的全面领导制度化

党的全面领导内涵丰富，也就是习近平指出的："党的领导必须是全面的、系统的、整体的"，也就是说坚持党的领导要"纵向到底、横向到边"。"全面"，包括领导对象、领导内容、领导过程和领导方法要全面。就领导对象而言，就是指党政军民学，东西南北中，党是领导一切的。就领导内容而言，就是指党的领导覆盖各个领域。就领导过程而言，就是指党的领导既包括顶层设计，又包括协调各方、监督落实。就领导方法而言，既要做到系统，又要做到整体。领导方法是很重要的，绝不是可有可无的。党的领导要做到系统有两层含义：一是党的领导制度是一个体系，既包括制度又包括机制。二是要运用系统论的理念和方法来领导。党的领导要做到整体，主要是指党的组织是从中央到地方再到基层的整个组织体系，这个组织体系都要依据党章发挥各自作用。

把坚持和完善党的全面领导制度化，这既是坚持和完善党的全面领导的原则要求，又是把它落到实处的根本路径，这是以习近平同志为主要代表的中国共产党人对中国化马克思主义党建理论作出的原创性贡献。党的十九届四中全会是我们党的历史上首次用一次中央全会来研究国家制度和国家治理的全会，党的十九届四中全会通过的《中共中央关于坚持和完善中国特色社会主义制度、推进国家治理体系和治理能力现代化若干重大问题的决定》，制定了包括 13 个方面、55 项制度在内的中国特色社会主义制度体系。其中第一个方面

就是坚持和完善党的全面领导制度体系，在这之下又制定了6项具体制度：建立不忘初心、牢记使命的制度，完善坚定维护党中央权威和集中统一领导的各项制度，健全党的全面领导制度，健全为人民执政、靠人民执政各项制度，健全提高党的执政能力和领导水平制度以及完善全面从严治党制度。党的十九届四中全会通过的决定，是我们党制度建设史上的一个里程碑。党的十九届五中全会审议通过的《中共中央关于制定国民经济和社会发展第十四个五年规划和二〇三五年远景目标的建议》提出了“十四五”时期经济社会发展必须遵循的原则，即坚持党的全面领导、坚持以人民为中心、坚持新发展理念、坚持深化改革开放和坚持系统观念。其中，坚持党的全面领导是必须遵循的首要原则。这是具有战略思维和政治思维的重要论断。

将坚持党的全面领导列为“十四五”时期经济社会发展必须遵循的首要原则有着深刻意蕴。党的十九届五中全会作出了这一重大决策部署，主要基于“十四五”时期我国经济社会发展需要克服许多艰难险阻，还会遇到各种风险挑战。正如习近平指出的，“我们现在所处的，是一个船到中流浪更急、人到半山路更陡的时候，是一个愈进愈难、愈进愈险而又不进则退、非进不可的时候”[1]。同时，风险考验越来越复杂，甚至是惊涛骇浪。各种形式的斗争并非是短期而是长期的，至少要伴随实现第二个百年奋斗目标的整个过程。因此，面对云谲波诡的国际形势、复杂敏感的周边环境、艰巨繁重的改革发展稳定任务，

1　习近平：《在庆祝改革开放40周年大会上的讲话》，人民出版社2018年版，第42页。

我们党既要有防范风险的先手，也要有应对和化解风险挑战的高招；既要打好防范和抵御风险的有准备之战，也要打好化险为夷、转危为机的战略主动战。

需要指出的是，党的全面领导是具体的而不是抽象的，是系统的但不是事无巨细的，不能把坚持党的全面领导理解为党管理一切。周恩来曾经深刻指出："我们说党领导一切，是说党要管大政方针、政策、计划，是说党对各部门都可以领导，不是说一切事情都要党去管。"[1]这就要求把坚持党的全面领导落实到经济社会发展的各个领域各个方面。"十四五"时期是开启全面建设社会主义现代化国家新征程的第一个五年，这对党领导经济社会发展的能力提出了新的更高要求。因此，我们必须立足新发展阶段，贯彻新发展理念，构建新发展格局，为实现高质量发展和顺利完成"十四五"时期的目标任务提供根本保证。这也是坚持党的全面领导这条首要原则的必然要求。

第四节　中国化马克思主义党建理论最新成果的精髓

中国共产党是一个善于总结经验和把握规律的马克思主义政党，在总结自我革命经验的基础上，我们党提出了思想建党理论强党。这既是我们党的优良传统，又是重要法宝，也是中国化马克思主义党建理论最新成果的精髓。可以从以下两个方面来认识和把握这个重要问题。

1《周恩来选集》(下)，人民出版社 1984 年版，第 365 页。

一、思想建党理论强党是党的优良传统和重要法宝

回顾我们党的奋斗历程，总结党的建设宝贵经验。思想建党理论强党既是中国共产党的优良传统，也是中国共产党能够不断发展壮大的重要法宝。我们党无论是在新民主主义革命时期，还是在社会主义建设时期，无论是在改革开放新时期，还是在中国特色社会主义新时代，都一贯重视思想建党理论强党。这是我们党的优良传统、巨大的政治优势，我们应认真总结蕴含其中的宝贵经验，并加以继承和弘扬。建党初期，我们党就遇到党的建设中的一个重大问题。旧中国是半殖民地半封建社会，农民人口在我国占多数，我国只有沿海少数几个省有少量的工业，工人阶级队伍人数很少。我们党又长期在偏僻的农村干革命。因此，中国共产党内农民和其他小资产阶级出身的党员占多数，这就提出了农民和其他小资产阶级成分占多数的中国共产党能否保持和如何保持共产党先进性的问题，毛泽东在 1929 年 12 月召开的古田会议上创造性解决了这个问题。

古田会议是在我们党的历史上首创思想建党的一次重要会议。延安时期，我们党有了比建党初期稍好些的条件，以毛泽东同志为核心的党中央更加重视思想建党理论强党。这一时期，毛泽东在给中央党校和抗日军政大学等单位学员的讲课或报告中，深入浅出地阐述了“没有革命的理论，就不会有革命的运动”这个马克思主义的重要原理。毛泽东还指出：“如果我们党有一百个至二百个系统地而不是零碎地、实际地而不是空洞地学会了马克思列宁主义的同

志，就会大大地提高我们党的战斗力量。”[1]新中国成立后，我们党把马克思主义确立为立党立国的指导思想。1959 年 2 月，毛泽东在回答智利记者马特的提问时说：中国共产党一贯遵循马列主义原则，因为它是普遍的真理。

党的十八大以来，以习近平同志为核心的党中央传承了我们党的优良传统，高度重视党员干部尤其是高级领导干部学习马克思主义理论，从而把我们党重视思想建党理论强党推进到一个新的境界。党的十八大以来，我们党开展了几次卓有成效的主题教育活动，包括党的群众路线教育实践活动、“三严三实”专题教育活动、“两学一做”学习教育活动。党的十九大之后，在全党开展了“不忘初心、牢记使命”的主题教育活动，从 2021 年 2 月开始又开展了党史学习教育活动。这些马克思主义学习教育活动，既是我们党思想建党理论强党优良传统的延续，又是进行马克思主义理论教育的好形式，丰富了加强党的建设的宝贵理论财富，是中国化马克思主义党建理论最新成果的重要内容和精髓。

首先，这是对马列主义党建理论的继承和发展。2019 年 6 月，习近平在中央政治局第十五次集体学习的讲话中谈到，我们党传承了马克思主义党建学说，形成了关于党的自我革命的丰富思想成果。他把这个成果概括为九条，其中第五条是坚持经常性教育和集中性教育相结合。党的十八大以来，我们开展了一系列的马克思主义理论教育活动，值得注意的是“不忘初心、牢记使命”

1《毛泽东选集》第 2 卷，人民出版社 1991 年版，第 533 页。

的主题教育活动，就是坚持经常性教育和集中性教育相结合的典范，这无疑是对马列主义党建理论的继承和发展。

其次，我们党把思想建党、理论强党制度化了。党的十九届四中全会首次系统地描绘了中国特色社会主义制度的“图谱”即制度体系。在这个由55项具体制度组成的中国特色社会主义制度体系中，就有“不忘初心、牢记使命”的制度。建立这个重要制度，就是要确保广大党员遵守党的章程、牢记党的性质、恪守党的宗旨，始终用共产主义远大理想和中国特色社会主义共同理想凝聚广大党员、团结人民群众，坚持用习近平新时代中国特色社会主义思想武装全党，统一思想认识，筑牢思想基础。不仅要把“不忘初心、牢记使命”作为加强马克思主义执政党的建设的永恒课题和广大党员干部的终身课题，更要使之形成长效机制。这对于全面贯彻党的基本理论、基本路线、基本方略，持续推进党的建设新的伟大工程，具有重大意义。

二、充分发挥思想建党理论强党的巨大作用

如前所述，我们是从党的优良传统和重要法宝的维度论述了思想建党理论强党，以下是要把思想建党理论强党落实到党的政治建设、组织建设、作风建设、纪律建设和制度建设中去的内容，这就回答了怎样发挥思想建党理论强党的基础性的巨大作用这个重要问题。

思想建党理论强党与党的政治建设的关系。只有思想上的清醒，才能有政治上的清醒，只有理论上的彻底，才能有政治上的坚定。如果偏离了思想建党理论强党，那么党就丧失了科学理论和正确的思想路线指导，会导致党的政治路线出现偏差或失误。新时代思想建党理论强党从根本上讲，就是要用马克思主义中国化最新成果即21世纪马克思主义武装全党，从而保证全党在政治上行动上同党中央保持高度一致。同时通过引导广大党员干部坚定理想信念，坚决遵守政治规矩、政治纪律，解决好党员干部的世界观、人生观和价值观（简称“三观”）问题。

思想建党理论强党与党的组织建设的关系。民主集中制是马克思主义政党的根本组织原则和制度。中国共产党是按照民主集中制原则建立起来的政党，做好党的全部工作，要靠党的坚强的组织体系去实现。如果偏离了思想建党理论强党，那么党就无法根据民主集中制原则将广大党员集结成一个整体，来为实现共同的目标而奋斗。同时，思想建党理论强党能为新时代贯彻党的组织路线、建设高素质干部队伍培根铸魂。

思想建党理论强党与党的作风建设的关系。可以说，作风是思想的外部表现形式，优良作风不是固有，也不是天上掉下来的，而是在正确的思想理论指导下在推进党的建设实践过程中形成的。抓好思想建党理论强党能从理念上解决作风建设核心问题——党同人民群众的血肉联系问题。党的十八大以来，由于党中央非常重视抓实思想建党理论强党这项重要工作，使马克思主义执政党党风为之一新，从而带动了民风和社会风气的和畅，呈现出海晏河清的景象。

思想建党理论强党与党的纪律建设的关系。打铁必须自身硬。只有思想理论过硬，才能使党的自身过硬。各级党组织和广大党员要遵守党的纪律和规矩，抓好思想建党理论强党就能强化党员干部理想信念、宗旨意识、党性观念、党规党纪意识，引导广大党员干部知敬畏、存戒惧、守底线，在各种诱惑面前立场坚定，在遇到困难风险时，能听从党的召唤，上下一心，共渡难关。

思想建党理论强党与党的制度建设的关系。思想建党是魂，理论强党是根，制度治党是本。抓好思想建党理论强党才能使广大党员干部充分认识制度治党的重要性，才能深刻理解习近平强调的制度是根本性问题，才能深刻把握实现国家治理体系和治理能力现代化这个目标的重大意义。此外，对于广大党员和各级党组织来说，树立制度意识和法治意识，尊崇、遵守、捍卫制度，内化于心、外化于行，这也有赖于抓好思想建党理论强党。

第五节　中国化马克思主义党建理论最新成果的宝贵经验

党的十八大以来，以习近平同志为核心的党中央以顽强的政治意志和猛药治疴的决心、强烈的历史使命感，部署并开展了反腐败斗争，这一时期是新中国成立以来反腐败斗争力度最大和取得了重大胜利的时期，这一时期的反腐败斗争是足以载入史册的，对这一时期反腐败斗争宝贵经验的概括，是中国化马克思主义党建理论最新成果的重要内容即宝贵经验。

一、反腐败斗争的重要性、艰巨性和长期性

讲到反腐败斗争的重要性、艰巨性和长期性，不能不从马克思主义国家

学说讲起。马克思、恩格斯认为，彻底的唯物主义者是不会对国家情有独钟的，他们对国家有着全面和深刻的认识。国家不是从来就有的，也不是永远存在的，它是要逐步消亡的。国家是从社会中产生又居于社会之上的“特殊机关”，它所掌握的公共权力在现实生活中是会发生异化的，一旦发生异化，那么国家机关就会“从社会公仆变为社会主人”。马克思、恩格斯在总结巴黎公社革命经验时，高度赞扬巴黎公社为防止国家权力机关由社会公仆变为社会主人所采取的两大措施，即民主选举制和工人工资制。列宁完全赞成马克思、恩格斯的国家观，并认为彻底的唯物主义者坚信国家最终是要消亡的。马克思主义国家学说告诉我们：只要有公共权力存在就会有公共权力变质的可能，掌握这些公共权力的人就会有腐败的可能。因此，马克思主义国家学说已经从理论上揭示了反腐败斗争的重要性、艰巨性和长期性。

中国共产党人牢记马克思主义国家观，新民主主义时期我们党在局部地区执政以及社会主义基本制度建立后在全国执政，都旗帜鲜明地进行了反腐败斗争。我们党深刻认识到，反腐败斗争是关系党和国家生死存亡的政治斗争。这是因为腐败侵蚀党的肌体，有悖于党的性质和宗旨，严重危害党的先进性和纯洁性。腐败不仅削弱党的领导，同时妨碍我们实现党的历史使命。更为严重的是，腐败严重损害党与人民的血肉联系。我们党来自人民，依靠人民，党群关系是党执政的根本基础。历史充分证明，江山就是人民，人民就是江山，人心向背关系党的生死存亡。腐败会摧毁中国共产党的执政基础，习近平深刻指出：党风廉政建设和反腐败斗争是一场输不起的斗争，“不得罪腐败分子，就必然辜负党、得罪人民”。“不得罪成百上千的腐败分子，就要得罪十三亿人民。这是一笔再明白不过的政治账，人心向背的账”[1]。正是从这个意义上说，反腐败斗争关系党和国家生死存亡，而且反腐败斗争是长期的、艰巨的，在这个问题上我们绝无退路，决不能有已经严到位了和“歇歇脚”等想法。正如党的第三个历史决议指出：“全党必须铭记生于忧患、死于安乐，常怀远虑、居安思危，继续推进新时代党的建设新的伟大工程，坚持全面从严治党，坚定不移地推进党风廉政建设和反腐败斗争。”[2]

二、党的百年历史是不断防止和克服党变质变色变味的历史

习近平指出：“我们党面临的最大风险是内部变质、变色、变味，丧失马克思主义政党的政治本色，背离党的宗旨而失去最广大人民支持和拥护。”[3]内部变质变色变味也就是腐败，从这个意义说，党的百年历史是不断防止和克服党变质变色变味的历史。

土地革命时期的中央苏区，就发生过腐败事件，我们党领导的苏区政府对此就进行了严肃处理。1926 年，我们党发布了第一部惩治贪污腐化分子的法规文件《坚决清洗贪污腐化分子》的通告。1933 年，毛泽东、项英、张国焘共同签发了《关于惩治贪污浪费行为》的训令。延安时期，毛泽东在解释《陕甘宁

1《习近平关于全面从严治党论述摘编》，中央文献出版社 2021 年，第 368 页。
2《中国共产党第十九届中央委员会第六次全体会议文件汇编》，人民出版社 2021 年版，第 104 页。
3 习近平：《在党史学习教育动员大会上的讲话》，《求是》2021 年第 7 期。

边区施政纲领》第八条时指出：要“厉行廉洁政治”。毛泽东在党的七届二中全会上强调：“务必使同志们继续地保持谦虚、谨慎、不骄、不躁的作风，务必使同志们继续地保持艰苦奋斗的作风（简称‘两个务必’）。”[1]

新中国成立后，我们适时地开展了整风整党和“三反”“五反”运动。“三反”主要针对党内，“五反”主要针对党外。这一时期我们党开展了“打虎”运动，严厉惩除了刘青山、张子善等一批腐化分子。与此同时，为了加强对党员干部的监督，建立了党的纪律检查机关和政府监察机关。党的十一届三中全会以来，以邓小平同志为核心的党的第二代中央领导集体看到改革开放和现代化建设中出现的消极现象，及时提出“一手抓改革开放，一手抓惩治腐败”的方针。在这一时期的拨乱反正中恢复了党的各级纪委，出台了关于高级干部生活待遇的若干决定。党的十二大决定全面开展整党，用3年时间对党的思想、作风和组织进行整顿。党的十三届四中全会之后，以江泽民同志为核心的党的第三代中央领导集体探索在发展社会主义市场经济条件下有效开展反腐败斗争的路子，办了几件群众关心的大案、要案，实行党的纪检机关与行政监察机关合署办公，建立和实施党风廉政建设责任制，作出了军队、武警和政法机关不再从事经商活动的部署。党的十六大之后，以胡锦涛同志为总书记的党中央针对经济体制深刻变革、社会结构深刻变动、利益结构深刻调整、思想观念深刻变化的国内形势和腐败现象呈易发多发的态势，探索从源头上预防和治理腐败

1《毛泽东选集》第4卷，人民出版社1991年版，第1438页。

的方法，努力走出一条中国特色反腐倡廉道路。

党的十八大以来，以习近平同志为核心的党中央清醒地看到：我们党正面临长期执政考验、改革开放考验、市场经济考验、外部环境考验（“四大考验”），具有复杂性和长期性，存在着精神懈怠危险、能力不足危险、脱离群众危险、消极腐败危险（“四种危险”），具有严峻性和尖锐性。鉴于我们正处于反腐败斗争的严峻形势下，坚定地提出了要全面从严治党，把它纳入党的十八大以来党中央制定的“四个全面”战略布局中。习近平在总结长期以来在党领导下开展反腐败斗争经验的基础上，对反腐倡廉做了许多高屋建瓴、入木三分的论述。比如，他强调“人民把权力交给我们，我们就必须以身许党许国、报党报国”[1]。还比如，他指出“不得罪成百上千的腐败分子，就要得罪十三亿人民”[2]。又比如，他强调“人民群众最痛恨腐败现象，腐败是我们党面临的最大威胁。只有以反腐败永远在路上的坚韧和执着，深化标本兼治，保证干部清正、政府清廉、政治清明，才能跳出历史周期率”[3]等，这些重要论述构成了中国化马克思主义党建理论最新成果的重要内容即宝贵经验。以习近平同志为核心的党中央以猛药去疴、重典治乱的决心，以刮骨疗毒、壮士断腕的勇气，坚持反腐败全覆盖、无禁区、零容忍，有腐必反、有贪必肃，“猎狐”“拍蝇”“打虎”，坚持受贿行贿一起查等，力度之大空前未有，取得了反腐败斗争压倒性

1《习近平关于全面从严治党论述摘编》，中央文献出版社 2016 年版，第 185 页。
2《习近平关于全面从严治党论述摘编》，中央文献出版社 2016 年版，第 186 页。
3《习近平谈治国理政》第 3 卷，外文出版社 2020 年版，第 52 页。

的胜利并获得了全面巩固，赢得了党心军心民心。这一时期是新中国成立以来反腐败力度最强和反腐败斗争取得最大胜利的时期，必将载入史册。

三、反腐倡廉要达到的重要目标

如前所述，反腐败斗争取得了压倒性的胜利并不断巩固，更为重要的是：我们探索出了一条标本兼治，一体推进不敢腐、不能腐、不想腐，从而实现党的反腐倡廉的自我净化道路。在这条道路中包含反腐倡廉要达到不敢腐、不能腐、不想腐的目标，虽然不能说这是我们最终的目标，但它确实是我们非常重要的目标，尤其是一体推进不敢腐、不能腐、不想腐的做法和思路，是对以往反腐倡廉理论和实践的重大创新。

关于不敢腐。它着眼于反腐败要严并且要长期坚持下去。党的十八大以来，我们进行反腐败斗争的一条重要经验是始终保持惩治腐败的高压态势。为此，我们采取了两个“坚决”、一个“加大”：坚决查处领导干部违纪违法案件。也就是削减存量、遏制增量，对已经暴露、影响很坏的领导干部违纪违法案件优先处理、坚决查处，彻底清除反腐败的障碍，同时对增量采取零容忍态度，为此加大了对权力运行的监督。坚决查处政治问题和经济问题交集的腐败案件。政治问题和经济问题交集是党的十八大以来反腐败形势严峻的体现，这些腐败分子集经济上的贪婪、道德上的堕落、政治上的变质于一身，给党和国家造成重大损失，影响极为恶劣。因此，执纪执法机关必须把政治监督放在首位，坚决把那些经济上腐败和政治上蜕变的两面人识别出来清除出去。加大重点领域和关键环节的反腐败力度。重点领域和关键环节由于具有掌握着公共权力如政策出台、投资项目或掌控资源等特点，是腐败的多发处和反腐的难点。党的十八大以来，我们创造并积累了加大对重点领域和关键环节的反腐败力度的经验，如查摆风险点、加强科学管理、严格监督和发挥巡视组的作用等，取得了一定效果。今后在这方面要不断总结经验，力争取得反腐倡廉的更好效果。

关于不能腐。它着眼于健全党和国家监督制度，完善权力制约机制，推进反腐败法规制度建设，从制度上防止权力异化。首先，需要健全党和国家监督制度。要充分发挥党内监督主导作用，党的执政地位决定了党内监督在党和国家监督制度体系中处于基础的、第一位的地位。当然还要强化纪委监委专责监督，因为现行党章已明确规定：党委（党组）是全面监督，纪委监委是专责监督，党员是民主监督，党的基层组织是日常监督。要把各类监督（共9类）与党内监督贯通协调起来。其次，需要完善权力配置和运行制约机制。权力不受约束必然会发生腐败，在对权力的各种制约中，制度制约是硬制约。因此，需要科学配置权力，规范权力运作，而且要让权力在阳光下运行。最后，需要推进反腐败法规法律建设。中国特色社会主义法治体系包括党内法规，既要完善反腐败党内法规制定机制，又要完善反腐败国家法律制定机制。法规法律的生命力在于执行，所以反腐败的法规法律一经建立，就应当让它们发力生威，让法规法律落地生根。

关于不想腐。它着眼于对党员干部进行教育和引导，固本培元，从根本上消除搞腐败的动机，筑起拒腐防变的思想堤坝。为此，要用正确的世界观、人生观、价值观（“三观”），教育党员干部，并使之入耳入脑入心。此外，营造风清气正的政治生态至关重要，这个思想是党的十八大之后习近平首先提出来的，是对全面从严治党思想的创新。正如习近平指出：“政治生态好，人心就顺、正气就足；政治生态不好，就会人心涣散、弊病丛生。”[1]为此，要严明党的政治纪律和政治规矩，让党内正能量充沛，让歪风邪气消遁。要积极构建党内政治文化。党内政治文化说到底就是制度文化，它具有价值导向、形象塑造、激励约束等重要作用，构建党内政治文化与用“三观”武装党员干部思想是完全一致的。要树立正确用人标准的导向，“用一贤人则群贤毕至，见贤思齐就蔚然成风”。此外，从着眼于对党员干部的教育引导，固本培元，筑起拒腐防变的思想堤坝上看，吸收借鉴中华优秀传统文化非常重要。正如习近平指出：“如果没有中华五千年文明，哪里有什么中国特色？如果不是中国特色，哪有我们今天这么成功的中国特色社会主义道路？”[2]中华优秀传统文化赋予了我们党心系苍生、天下为公的博大胸怀和百折不挠的顽强精神，这些都是我们反腐倡廉的宝贵思想财富。

总之，我们党确立的不敢腐、不能腐、不想腐的反腐倡廉目标及其包含的丰富内涵，标志着我们党找到了中国特色反腐倡廉的道路，这是中国共产党推进自我革命的新境界，是马列主义党建理论中国化最新成果的时代华章。

1《习近平谈治国理政》第2卷，外文出版社2017年版，第167页。

2 宣言：《中国没有辜负社会主义》，《人民日报》2021年6月8日，第3版。

第六章
中国化马克思主义党建理论最新成果的原创性贡献

中国化马克思主义党建理论最新成果是建立在对中国共产党百年历史的科学总结和始终不渝坚持把马列主义党建理论与中国国情党情相结合基础上的，这就决定了它的重大贡献具有全方位和原创性的鲜明特点。全方位是指这种贡献不仅仅局限在党建理论范围（这可以从第五章概括的主要内容中看出来），还包括以习近平同志为主要代表的中国共产党人，从大历史观上全面而深刻阐析党的创新理论和党的百年奋斗历史。原创性包含两层含义：一是讲了前人没讲过的新话，二是进一步回答或展开了前人提出的重大课题。

限于篇幅，本章着重从两大方面阐析中国化马克思主义党建理论最新成果对马列主义党建理论作出的原创性贡献。一是对跳出历史周期率进行了长期探索，从理论与实际结合上成功回答了马克思主义执政党建设的重大课题。二是从大历史观上全面而深刻阐析了党的创新理论和党的百年奋斗历史。

第一节　从理论和实际结合上成功回答了马克思主义执政党建设的重大课题

“历史周期率”，即是指以往历史上的政权都会经历兴衰治乱的现象并出现循环往复的周期性特征。跳出历史周期率，是马克思主义执政党建设面临的重大历史性课题，是中国共产党始终高度重视并一直致力解决的重大课题，为此，中国共产党人进行了长期探索，终于成功地找到跳出历史周期率的道路。

一、中国共产党人对跳出历史周期率的不懈探索

中国共产党人自提出“我们能跳出历史周期率”后，一直在不懈地探索和解决这个重大的历史性课题。

（一）党的历史上三次具有重要意义的对话

从加强马克思主义政党建设的维度看，新民主主义革命时期，在我们党的历史上有过三次具有重要意义的对话。

1944 年延安整风正在开展，重庆《新华日报》发表了郭沫若写的史学文章《甲申三百年祭》，毛泽东看后非常赞赏这篇文章，他认为该文对于即将成为马克思主义执政党的中国共产党有重要意义，毛泽东指示将此文作为延安整风学习的重要文件。同年 11 月 21 日，毛泽东在致郭沫若的信中指出：我们把《甲申三百年祭》作为整风文件看待，要吸取党的历史上骄傲导致失败的教训。这次笔谈，史称“甲申对”。

1945 年 7 月，毛泽东在延安窑洞与黄炎培先生有过几次谈话。有一次毛

泽东请黄炎培先生谈谈考察延安后的感想。黄炎培先生深思后说：我生六十多年，耳闻的不说，所亲眼看到的，真所谓“其兴勃焉”“其亡也忽焉”，一人，一家，一团体，一地方，乃至一国，不少单位都没有能够跳出这历史周期率的支配力。黄炎培先生还指出，他了解到中国共产党从过去到现在，一直希望能找到一条新路，跳出这历史周期率的支配。毛泽东掷地有声地回答：中国共产党找到了新路，即民主，“只有让人民来监督政府，政府才不敢松懈。只有人人起来负责，才不会人亡政息”[1]。黄炎培先生经思索后认为毛泽东“这话是对的”。这次对谈，史称延安“窑洞对”。

1949 年 3 月 23 日，中共中央机关离开西柏坡进京。出发时，毛泽东庄重地对周恩来说，今天是我们进京的日子，进京赶考去。周恩来答道，我们应当都能考试及格，不要退回来。毛泽东严肃地说：“退回去就失败了。我们决不当李自成。”[2] 这就是当年这两位伟人离开西柏坡时的对话，史称“赶考对”。

“我们已经找到新路”“我们能跳出这周期率”“我们都希望考个好成绩”，当年毛泽东讲这些话时，我们党还没有在全国范围内执政。这表明，我们党已经意识到了这是中国共产党在全国执政后必定会遇到的而且必须要解决的历史性课题，当然，我们不能说那时候我们党就已经解决了这个课题。从此以后，中国共产党人就一直思考并不懈地探索解决这个建设长期执政的马克思主义政

1《毛泽东年谱（1893—1949）》（中），中央文献出版社 2013 年版，第 611 页。
2《毛泽东年谱（1893—1949）》（下），中央文献出版社 2013 年版，第 470 页。

党的重大课题。

（二）新中国成立后的探索和取得的成效

在毛泽东回答了“我们能跳出这周期率”后，他一直在思考并努力探索解决这个重大课题。毛泽东在党的七届二中全会上的这段论述极其深刻、令人警醒，“可能有这样一些共产党人，他们是不曾被拿枪的敌人征服过的，他们在这些敌人面前不愧英雄的称号；但是经不起人们用糖衣裹着的炮弹的攻击，他们在糖弹面前要打败仗。我们必须预防这种情况”[1]。

新中国成立后不久，我们党根据当时我国社会状况和阶级斗争形势，从1950年开始先后开展了整风整党和“三反”“五反”运动（包括“打虎”运动）。在这期间发生了震惊史册的“新中国反腐败第一枪”。这是指1951年12月，由河北省人民法院判决，经最高人民法院核准后判处刘青山、张子善死刑并被执行死刑。刘青山、张子善先后担任过中共天津地委书记，虽然他们对革命有功，但却堕落为大贪污犯。在该案审理过程中，有人替刘青山、张子善说情，希望不要枪毙他们，给一个改过的机会。这个意见反映到毛泽东那里，毛泽东认为正因为刘青山、张子善功劳大地位高，更要下决心处决他们，只有这样才能警醒和挽救成百上千的干部。毛泽东经过深思熟虑后严惩了刘青山、张子善，是用实际行动向世人表明：中国共产党纪律严明、公正无私，决不放任腐败现象滋长下去，决不做李自成，决不重蹈历史周期率。

1《毛泽东选集》第4卷，人民出版社1991年版，第1438页。

在我国进入社会主义革命和建设时期后，毛泽东一直在思考如何跳出历史周期率这个历史性课题。20世纪50年代，发生了两件事引起了毛泽东的高度警觉。一件事是时任美国国务卿的杜勒斯公开主张要对社会主义国家实施和平演变。杜勒斯鼓吹要把和平演变的希望“寄托在社会主义国家第三代和第四代人的身上”。另一件事是1956年赫鲁晓夫在苏共二十大上全盘否定斯大林，引起了国际共产主义运动内部思想混乱，由此西方掀起了反共反马克思主义的逆流。这些促使毛泽东进一步思考：如何保证我们国家政权不违背人民意志、领导干部不腐败变质，如何培养无产阶级革命事业接班人，如何挫败帝国主义和平演变阴谋等问题。他还曾尝试通过开展运动的办法来解决这些问题。

党的十一届三中全会后，我国进入了改革开放新时期，以邓小平同志为主要代表的中国共产党人也一直在思考并致力于解决跳出历史周期率这个历史性课题。20世纪80年代中期，我国实行改革开放尤其是进行了经济体制改革，解放和发展了生产力，经济有了明显的发展。与此同时，也出现了经济领域的犯罪活动和党内腐败现象，邓小平敏锐地觉察到这个问题的严重性并尖锐地指出：“风气如果坏下去，经济搞成功又有什么意义？会在另一方面变质，反过来影响整个经济变质，发展下去会形成贪污、盗窃、贿赂横行的世界。”[1]

1989年，邓小平在同党的第三代中央领导集体主要成员谈话时讲道：在北京发生的政治风波中一些人是用反腐败这个口号来蛊惑人心以达到他们目的。

1《邓小平文选》第3卷，人民出版社1993年版，第154页。

邓小平又指出：从我们党自身上看“不惩治腐败，特别是党内的高层的腐败现象，确实有失败的危险”[1]。1992年，邓小平在南方谈话中再次强调坚持两手抓，两手都要硬，这才是中国特色社会主义。

江泽民指出那种把党风廉政建设、反腐败斗争同经济建设和改革开放割裂或者对立的观点是没有根据的。胡锦涛认为一个政党在执政过程中虽然把经济建设搞上去了，但如果自身腐败问题严重而又无力克服，导致社会风气败坏，最终也会丧失民心，带来灾难性后果。

与以往不同的是，改革开放时期的反腐败和加强党的建设，我们党开始重视从制度上解决这个问题，重视法治的作用。这一时期，邓小平最早提出：“为了保障人民民主，必须加强法制。”[2]党的十三大提出在党的建设上要走靠改革和制度建设的新路子。党的十八大后，以习近平同志为主要代表的中国共产党人，从理论和实际的结合上对跳出历史周期率这个历史性课题，进行了卓有成效的探索，并成功地找到跳出历史周期率的道路。

二、跳出历史周期率关键在于进行伟大自我革命尤其是加强制度建设

党的十八大以来，以习近平同志为核心的党中央致力于推进全面从严治党，取得了历史性和开创性成就，从而产生了全方位和深层次影响。新时代，我们党继续以伟大自我革命引领社会革命，以社会革命促进伟大自我革命，持

1《邓小平文选》第3卷，人民出版社1993年版，第313页。
2《邓小平文选》第2卷，人民出版社1993年版，第146页。

续不懈地完善党的领导制度体系，逐步深化党的建设制度改革，不断健全全面从严治党制度，有力扭转了一个时期里某些领域管党治党不力、党的建设缺失、党的领导弱化状况。在思想理论上，习近平对跳出历史周期率做了大量深刻的论述；在制度建设上，扎实推进全面从严治党制度尤其是监督制度建设，并取得明显成效，为找到跳出历史周期率的成功道路提供了根本遵循，奠定了坚实基础。

（一）习近平总书记关于跳出历史周期率的重要论述

2012年11月，习近平在十八届中央政治局第一次集体学习的重要讲话中就语重心长地指出：物必先腐，而后虫生。腐败愈演愈烈，必然亡党亡国！2013年6月，习近平在党的群众路线教育实践活动工作会议上的重要讲话中列举了党内存在的严重的“四风”问题。他指出对于这些问题，如果全党不警醒起来，任由这些问题蔓延开来，后果将不堪设想，那就有可能发生毛泽东所言的“霸王别姬”现象了。

2013年12月，习近平在纪念毛泽东同志诞辰120周年座谈会上的讲话中告诫广大党员牢记“生于忧患，死于安乐”的古训、牢记毛泽东提出的“决不当李自成”的警示、牢记“两个务必”，着力解决好跳出历史周期率的历史性课题。

2018年1月5日，习近平在学习贯彻党的十九大精神研讨班开班式上的重要讲话（简称第二个“1·5讲话”），从史论结合的角度深刻阐析了历史周期率问题，他指出：我国历史上封建王朝摆脱不了历史周期率的宿命。随后，他从秦始皇统一中国讲起：由于秦朝统治者穷奢极欲、挥霍无度、搜刮民财、征用民力，百姓民不聊生，最后秦朝被农民起义推翻。汉朝在经历“文景之治”后由盛转衰，最终政权也被农民推翻。唐明皇统治后期也是腐败之极，最终垮台。到了清代末期，国家羸弱衰败，即便有200万左右的清兵，却被不到2万的八国联军攻破。因政权自身腐败而灭亡的例子，在中外历史上比比皆是。

习近平在第二个“1·5讲话”中肯定了中国历史上农民起义有其重大进步意义，同时对农民起义失败的原因进行了揭示，指出这是由于农民起义队伍不能很好解决自身存在的问题。当然，我们党和国家的性质、宗旨、使命同封建王朝、农民起义军有本质的区别，不可简单类比。但是回顾历史我们可以得出这“四个不容易”的结论：“功成名就时做到居安思危、保持创业初期那种励精图治的精神状态不容易，执掌政权后做到节俭内敛、敬终如始不容易，承平时期严以治吏、防腐戒奢不容易，重大变革关头顺乎潮流、顺应民心不容易。”[1]

2018年11月26日，习近平在中央政治局集体学习时的讲话中指出，历史是最好的教科书，历史是人类最好的老师。我们总结分析我国历史上吏治的得失，是要加强和改进干部管理工作，为跳出历史周期率、实现党和国家事业兴旺发达、长治久安提供借鉴。党的十八大以来，习近平反复强调：我们党要牢

1　习近平：《推进党的建设新的伟大工程要一以贯之》，《求是》2019年第19期。

记初心和使命，在新时代把党的自我革命推向深入。

2019年6月，十九届中央政治局进行了题为“牢记初心使命，推进自我革命”的第十五次集体学习。习近平在讲话中指出百年大党必须回答好、解决好的“三个如何”问题，即如何保持党的先进性和纯洁性，如何实现长期执政，如何永远得到人民拥护和支持。习近平在十九届中央纪律检查委员会第四次全体会议上的重要讲话中指出：党的十八大以来，我们探索出一条长期执政条件下解决自身问题、跳出历史周期率的成功道路。

习近平在庆祝中国共产党成立100周年大会上深刻指出：“江山就是人民，人民就是江山，打江山、守江山，守的是人民的心。”[1]习近平在党的十九届六中全会第二次全体会上更为明确地指出：“我们党历史这么长、规模这么大、执政这么久，如何跳出治乱兴衰的历史周期率？毛泽东同志在延安的窑洞里给出了第一个答案，这就是‘只有让人民来监督政府，政府才不敢松懈’。经过百年奋斗特别是党的十八大以来新的实践，我们党又给出了第二个答案，这就是自我革命。”[2]

综上所述，我们可以看出在我们党的领袖中习近平关于跳出历史周期率的论述是最多、结论是最明确的。从中我们可以看出：历史发展是连续性和阶段性的统一，一个时期有一个时期的历史使命和任务，一代人有一代人的历史

1 习近平：《在庆祝中国共产党成立100周年大会上的讲话》，《求是》2021年第14期。

2 习近平：《以史为鉴、开创未来、埋头苦干、勇毅前行》，《求是》2022年第1期。

担当和责任。习近平关于跳出历史周期率的重要论述，给我们揭示了一条极其重要的马克思主义执政党建设的规律，即跳出历史周期率必须进行伟大自我革命，要全面从严治党，加强制度建设尤其是监督制度建设。

（二）加强制度建设是跳出历史周期率的根本途径

党的十八大以来，以习近平同志为主要代表的中国共产党人在加强制度建设尤其是监督制度建设方面，认识上进入新境界，实践中有了新突破。党的十八届三中全会提出了全面深化改革总目标是完善和发展中国特色社会主义，推进国家治理体系和治理能力现代化。在习近平看来，中国共产党自改革开放以来以一种全新的角度来看待和把握国家治理体系问题。他重申了邓小平在《党和国家领导制度的改革》中的重要论述，“领导制度、组织制度问题更带有根本性、全局性、稳定性和长期性”“制度好可以使坏人无法任意横行，制度不好可以使好人无法充分做好事，甚至会走向反面”[1]。他非常重视邓小平在1992年南方谈话中提出的“恐怕再有三十年的时间，我们才会在各方面形成一整套更加成熟、更加定型的制度”[2]。习近平在这里讲“全新的角度”，就是指我们党开始高度重视并着手从制度建设即国家治理体系和治理能力现代化上，解决党和国家政权不变颜色即跳出历史周期率问题。

党的十九届四中全会在党的历史上首次用一次全会专门研究国家制度和

1《邓小平文选》第2卷，人民出版社1993年版，第333页。
2《邓小平文选》第2卷，人民出版社1993年版，第372页。

国家治理，并通过了《中共中央关于坚持和完善中国特色社会主义制度、推进国家治理体系和治理能力现代化若干重大问题的决定》(简称《决定》)。这个《决定》在我们国家制度建设历史上具有里程碑意义，因为它关系到党和国家事业兴旺发达、国家长治久安、人民幸福安康等重大问题，这表明我们党对制度建设与确保党和国家政权不变质、不变色、不变味的关系的认识，达到了一个新的境界。

党的十九届四中全会的《决定》在解决制度建设与跳出历史周期率问题中的最重要贡献，就是系统描绘了中国特色社会主义制度是由 13 个方面制度组成的“图谱”。这个“图谱”从横向看，它是由 13 个方面制度组成的中国特色社会主义制度体系；从纵向看，它是由根本制度、基本制度和重要制度这 3 个层面制度构成的。

《决定》阐述的根本制度包括党的领导制度、马克思主义在意识形态领域指导地位制度、人民民主专政制度、人民代表大会制度、党对人民军队的绝对领导制度这 5 项；基本制度包括社会主义基本经济制度、中国共产党领导的多党合作和政治协商制度、基层群众自治制度、民族区域自治制度这 4 项；重要制度有 9 项：中国特色社会主义法治制度、中国特色社会主义政府治理制度、共建共治共享的社会治理制度、中国特色社会主义文化制度、生态文明制度、统筹城乡的民生保障制度、“一国两制”制度、外事工作制度、党和国家监督制度。在这个由 55 项制度构成的中国特色社会主义制度体系中，处于统摄地位的是坚持和完善党的领导制度。

党的十九届四中全会通过的《决定》系统、详尽、全面地论述了我国国家制度和国家治理体系的“显著优势”，这是我们党领导人民创造经济快速发展和社会长期稳定这“两大奇迹”的制度原因，它揭示了“中国之治”的制度“密码”。制度优势是一个国家的最大优势，长期保持并不断发展这“13 方面显著优势”是新时代坚持和完善中国特色社会主义制度，推进国家治理体系和治理能力现代化的前进方向。历史和现实都已雄辩地证明，首要显著优势是毫不动摇坚持党的集中统一领导，坚持党的科学理论指导，持续保持政治稳定，持续确保国家始终沿着社会主义方向前进的显著优势。

党的十九届五中全会提出了“十四五”时期我国经济社会发展必须遵循的五条基本原则，其中第一条就是坚持党的全面领导。而且指出要使党对社会主义现代化建设的领导在职能配置上更加科学合理、在体制机制上更加完备完善、在运行管理上更加高效。

阐述跳出历史周期率与制度建设的关系，不能不讲党的十九大后在全党开展的“不忘初心、牢记使命”的主题教育活动。这次主题教育活动是一次马克思主义理论教育的生动实践，它深化了新时代党的自我革命，推动全面从严治党向纵深发展，促进了全党在更高层次上的思想统一、政治团结、行动一致，从而为我们党统揽“四个伟大”、实现“两个一百年”奋斗目标做了总动员，这对于解决跳出历史周期率起了极其重要的作用，产生了深远的历史影响。正是通过这次主题教育活动，我们党形成了这个重要的规律性认识，即要始终坚持制度治党、依规治党。

党的十八大以来，以习近平同志为核心的党中央坚持制度治党、依规治党，致力于构建系统完备、科学规范、运行有效的制度体系，把全面从严治党提升到一个新的水平。尤其需要指出的是，党的十九届四中全会制定了坚持和完善党的领导的6项制度：不忘初心、牢记使命的制度、完善坚定维护党中央权威和集中领导制度、健全党的全面领导制度、健全为人民执政靠人民执政制度、健全提高党的执政能力和领导水平制度、完善全面从严治党制度。而建立不忘初心、牢记使命的制度居于党的十九届四中全会制定的由55项制度构成的中国特色社会主义制度体系之首。

习近平对于中国共产党能够跳出历史周期率的原因进行了剖析，即要有一套行之有效的权力监督制度和执纪执法体系。他在十九届中央纪律检查委员会第四次全体会议上强调：要完善党和国家监督体系，统筹推进纪检监察体制改革。要进一步健全制度、完善体系，使监督体系契合党的领导体制，并融入国家治理体系，有效推动制度优势更好转化为治理效能。要把党员民主监督、党的基层组织日常监督、党的工作部门职能监督、纪律检查机关专责监督、党委（党组）全面监督等结合起来、融为一体。党的十九届六中全会把我们党尤其是党的十八大以来加强制度建设的认识成果、制度成果等写进了第三个历史决议，习近平在两次全体会议上的讲话，对我们党找到跳出历史周期率道路的艰辛探索、成功原因、正确答案等，做了全面阐析。因此，我们要充分认识坚持推进伟大自我革命，全面从严治党和加强制度尤其是监督制度建设，对于成功找到跳出历史周期率道路的伟大意义，充分认识习近平关于跳出历史周期率重要论述，对于科学回答建设什么样的长期执政的马克思主义政党、怎样建设长期执政的马克思主义政党这个重大时代课题的伟大意义。

三、对马列主义党建理论作出的原创性贡献

习近平在十九届中央政治局第十五次集体学习时的讲话中谈道：我们党继承和发展马列主义党建理论，形成了关于党的自我革命的丰富思想。他把我们党继承和发展马列主义党建理论的贡献概括为九条。我们认为：中国共产党人对跳出历史周期率的长期探索及其成功经验，是对马列主义党建理论特别是对加强权力制约和监督等思想作出的原创性贡献。

马列主义党建理论内容博大精深，关于权力制约和加强监督思想无疑是其重要内容。在马克思、恩格斯时代，资产阶级学者就提出了权力分立和制衡的学说，并且认为这是包治政治百病的“药方”。马克思、恩格斯并不赞成资产阶级的权力分立和制衡理论，马克思、恩格斯对权力问题有自己独到见解。恩格斯指出：“国家权力对于经济发展的反作用可以有三种”[1]：一是推动经济沿着同一方向起作用，二是沿着经济发展的相反方向起作用，三是阻止经济发展沿着某些方向走。虽然恩格斯很重视国家权力的作用，但他指出这种作用毕竟属

1《马克思恩格斯选集》第4卷，人民出版社2012年版，第610页。

于反作用，是第二位的，经济基础是起决定作用的。因此，权力制衡并不是万能的。

马克思、恩格斯在总结仅存72天的巴黎公社革命经验时，从防止国家公职人员从社会公仆蜕变为社会主人的维度对权力制约和监督提出了深刻的见解，他们高度评价了巴黎公社在这方面的两个创举，并认为这对未来社会主义政权的建立是有重要意义的。这两个创举：一是民主选举制，二是工人薪金制。当然，今天我们要把握巴黎公社实行这两项举措的精神实质而不是具体做法。这精神实质就是要实行民主制度，要防止干群之间的待遇差距拉得过大。正如马克思、恩格斯指出：无产阶级政党建立的社会主义国家是“彻底清除了国家等级制，以随时可以罢免的勤务员来代替骑在人民头上作威作福的老爷们，以真正的责任制来代替虚伪的责任制”[1]。

列宁是马克思主义的伟大继承者和坚定捍卫者。列宁在他的相关著作特别是《国家与革命》中，完全赞成马克思、恩格斯对巴黎公社革命的意义和经验的评价，列宁认为巴黎公社革命是19世纪科学社会主义达到了最高峰的标志。更为重要的是，列宁在总结十月革命胜利后俄共（布）党的建设和苏维埃政权建设经验的基础上，对加强权力制约和监督提出了具有前瞻性的见解和采取了重要举措（其中有些举措是具有开创性的）。列宁认为要正确划分党政职权，以党代政、党政不分会削弱党的领导。尤其是列宁晚年，他看到了俄共（布）

1《马克思恩格斯文集》第3卷，人民出版社2009年版，第196页。

党内可能出现的分裂危险等。他从党和国家兴衰存亡的高度提出了一些解决的办法，如，增加中央委员会的人数，加大工人农民代表在中央委员会中的比例，中央监察委员会由党的代表大会选举产生并与中央委员会平行，把中央监察委员会和国家工农检查院合并，适当增加专家进入国家监察机构等。应该看到，列宁的上述思想和做法是具有先见之明的。当然，今天需要我们把握的是，列宁采取这些重要举措的精神实质，这就是社会主义国家也要加强对权力的制约，也要强化监督制度体系。

如前所析，我们可以从习近平关于跳出历史周期率的重要论述和党的十八大以来大力推进制度建设实践中清楚地看出：跳出历史周期率的根本途径就是要坚持全面从严治党，要加强制度建设特别是监督制度建设。前已论述，国家治理体系和治理能力现代化就是解决制度建设问题，因此，从这个意义上讲，推进国家治理体系和治理能力现代化，是解决跳出历史周期率这个重大历史性课题的必由之路。

但是，怎样治理社会主义社会？社会主义社会是一个全新的社会，治理社会主义社会没有可资借鉴的现成经验，在世界社会主义历史上，这个历史性课题并没有得到很好解决。尽人皆知，马克思、恩格斯没有遇到过社会主义国家全面治理的社会实践，他们关于未来社会的基本原理很多是预测性的；列宁有过领导治理苏维埃俄国的实践，但时间太短，没来得及深入探索这个问题，他就早逝了；苏联共产党对于如何实现国家治理体系和治理能力现代化进行了探索，取得了一些实践经验，同时也犯下了严重错误。

中国共产党执政后，对于这个历史性课题高度重视并不断探索。在国家治理体系和治理能力问题上，虽然出现过严重曲折，但是积累了丰富经验、取得了重大成果，尤其是改革开放以来获得的进展是可圈可点的。

党的十八大以来，在总结世界社会主义发展历史和其他国家兴衰成败的历史经验，以及我国历史和新中国成立以来制度建设经验教训的基础上，以习近平同志为核心的党中央提出了坚持和完善中国特色社会主义，推进国家治理体系和治理能力现代化的总目标和总要求，从而为我们党最终解决跳出历史周期率这个重大课题指出了明确的前进方向，奠定了坚实的制度基础。因此，我们完全可以这么说，以习近平同志为主要代表的中国共产党人，从理论与实际的结合上成功回答了跳出历史周期率这个建设长期执政的马克思主义政党的重大课题，这是实现中华民族伟大复兴宏伟目标的制度保证，是对马列主义党建理论特别是加强权力制约和监督的思想作出的中国的原创性贡献，这个重大意义我们怎么评价也不为过。

第二节　从大历史观上阐析党的创新理论和中国共产党百年历史

习近平新时代中国特色社会主义思想中的党建理论，对马列主义党建理论作出了原创性贡献，其运用大历史观阐析了中国特色社会主义理论和中国共产党百年奋斗历史。

一、中国共产党为什么如此重视用大历史观阐析历史

这是因为坚持大历史观是科学世界观和方法论的根本要求。辩证唯物主义和历史唯物主义既是马克思主义哲学，又是科学世界观和方法论，它要求人们观察外部世界尤其是分析人类社会历史发展，必须坚持大历史观。党的十八大以来，习近平多次讲到要坚持以大历史观来总结历史、研究历史、借鉴历史。所谓大历史观是指以历史视野、国际视野、知识视野来认识把握人类社会发展规律并指出它发展趋势的历史观。党中央下发的《党史学习教育宣讲提纲》指出：学史明理，就是要通过学习教育，树牢唯物史观，强化历史思维、理论思维，不断深化对三大规律的认识。

大历史观属于唯物史观范畴，坚持大历史观是坚持科学世界观和方法论的内在要求，马克思主义经典作家对此有很多精辟的论述。马克思在《十八世纪外交史内幕》中有段名言："要了解一个限定的历史时期，必须跳出它的局限，把它与其他历史时期相比较。"[1]恩格斯指出："历史就是我们的一切，我们比任何一个哲学学派，甚至比黑格尔，都更重视历史。"[2]列宁说过："世界历史的尺度是以数十年为单位来衡量的。早10—20年或迟10—20年，这用世界历史的尺度来衡量，是算不得什么的。"[3]

1《马克思恩格斯全集》第44卷，人民出版社1982年版，第287页。
2《马克思恩格斯全集》第3卷，人民出版社2002年版，第520页。
3《列宁选集》第4卷，人民出版社2012年版，第166页。

二、中国共产党领袖关于大历史观的论述

毛泽东指出："规律自身不能说明自身，规律存在于历史发展的过程中。应当从历史发展过程的分析中来发现和证明规律。不从历史发展过程的分析下手，规律是说不清楚的。"[1]1942年，在延安整风中毛泽东要求把解放社出版的《马恩列斯思想方法论》作为整风必读文献之一，在毛泽东看来，马克思主义世界观和方法论是总结党的历史的科学指南。1945 年 4 月，在毛泽东亲自主持下，经过近两年的党内讨论，通过了《关于若干历史问题的决议》（简称第一个历史决议），总结了从党的成立到抗日战争全面爆发这一历史时期，特别是 1931 年党的六届四中全会至 1935 年的遵义会议这一时期党的正反两方面的经验和教训。

邓小平指出："中国除了走社会主义道路没有别的道路可走""所以了解自己的历史很重要"[2]"历史上成功的经验是宝贵财富，错误的经验、失败的经验也是宝贵财富"[3]。在邓小平指导下，1981年党的十一届六中全会通过了《关于建国以来党的若干重大历史问题的决议》（简称第二个历史决议）。邓小平在指导这第二个历史决议起草过程中还发表了关于大历史观的深刻见解。

在改革开放新时期，江泽民和胡锦涛在这个问题上也有很多重要论述。江泽民在论述干部教育时指出："如果不了解中国的历史，特别是中国的近

1《毛泽东文集》第 8 卷，人民出版社 1999 年版，第 106 页。
2《邓小平文选》第 3 卷，人民出版社 1993 年版，第 206 页。
3《邓小平文选》第 3 卷，人民出版社 1993 年版，第 234–235 页。

代史、现代史和我们党的历史，就不可能认识和把握中国社会发展的客观规律。”[1]胡锦涛指出：“只有铭记历史，特别是铭记我们党领导人民创造的中国革命史，才能深刻了解过去、全面把握现在、正确创造未来。”[2]

习近平关于大历史观的论述是最多、最有针对性的。我们这么说并不是苛求前人，这是因为一个时代有一个时代的问题，一代人有一代人的使命。新时代，我们恰逢中国共产党成立一百周年这个重要历史节点。今天党员干部队伍的状况，使我们党更加深刻认识到学好党史这门必修课的重要性和紧迫性。以下简要阐析习近平关于大历史观的几次重要论述。

2015 年 8 月，习近平在致第二十二届国际历史科学大会的贺信中指出：“历史研究是一切社会科学的基础，承担着‘究天人之际，通古今之变’的使命。”[3] 2021 年 2 月 20 日，他在党史学习教育动员大会上的讲话中指出：要树立大历史观，从历史长河、时代大潮、全球风云中分析演变机理，探究历史规律。了解历史才能看得远，理解历史才能走得远。“七一”重要讲话提到：“我们要用历史映照现实、远观未来，从中国共产党的百年奋斗中看清楚过去我们为什么能够成功、弄明白未来我们怎样才能继续成功，从而在新的征程上更加坚定、更加自觉地牢记初心使命、开创美好未来。”2021 年 11 月，习近平在党的十九届六中全会第二次全体会议上指出：“要以学习全会精神为重点巩固

1《十四大以来重要文献选编》(下)，中央文献出版社 2011 年版，第 60 页。

2 胡锦涛：《坚持不懈学习中国革命史发扬光大党的光荣革命传统》，《人民日报》2006 年 7 月 26 日。

3《习近平致第二十二届国际历史科学大会的贺信》，《人民日报》2015 年 8 月 24 日。

党史学习教育成果，引导广大党员、干部群众准确把握党的历史发展的主题主线、主流本质，进一步做到学史明理、学史增信、学史崇德、学史力行，达到学党史、悟思想、办实事、开新局的目的。”[1]

三、运用大历史观阐析中国特色社会主义

中国特色社会主义是中国共产党的指导思想，是当代中国的马克思主义，是中国共产党人集体智慧的结晶，也是中国化马克思主义党建理论的指导思想。但是，在一段时间里国内外、党内外都有人对这个党的创新理论提出疑问，甚至曲解。曾有观点认为：中国特色社会主义是“国家资本主义”“资本社会主义”“新官僚资本主义”等。这些错误的认识一度还挺盛行，负面影响很大。为了让党员干部尤其是高级干部在这大是大非的理论问题上能保持清醒的头脑和政治定力，以习近平同志为主要代表的中国共产党人从大历史观上全面而深刻地阐析了中国特色社会主义。

（一）中国特色社会主义是社会主义，而不是其他什么主义

习近平在 2013 年 1 月 5 日的重要讲话（第一个“1·5 讲话”）中第一次从世界社会主义 500 年发展史上论述了中国特色社会主义。他把世界社会主义五百年历史划分为 6 个时间段，并全面论述了这 6 个时间段的重要史实、重要人物和重要代表作。尤其是他详尽阐述了中国特色社会主义是党的十一届三中全会以来，邓小平领导我们党“在总结我国社会主义胜利和挫折的历史经验

1 习近平：《以史为鉴、开创未来、埋头苦干、勇毅前进》，《求是》2022 年第 1 期。

并借鉴其他国家社会主义兴衰成败历史经验的基础上，逐步形成和发展起来的。第一次比较系统地初步回答了中国社会主义的根本任务、发展阶段、发展道路、发展动力、外部条件、政治保证、战略步骤、党的领导和依靠力量以及祖国统一等一系列基本问题，指导我们党制定了在社会主义初级阶段的基本路线”[1]。习近平还形象地把坚持和发展中国特色社会主义比喻成是一篇大文章，指出邓小平为这篇大文章确定了基本原则、基本思路，以江泽民同志为核心的党中央和以胡锦涛同志为核心的党中央写下了精彩篇章。

以习近平同志为主要代表的中国共产党人在论述中国特色社会主义时，把它摆在世界社会主义 500 年发展史中作为完整的一个阶段加以阐释，这对于党员干部尤其高级干部把握中国特色社会主义是从哪里来，又往哪里去，从而领会人类社会发展规律和中国特色社会主义发展规律，具有令人信服的逻辑力量。习近平用 3 个“是怎样”来表述他为什么从世界社会主义 500 年发展史上分析中国特色社会主义是“从哪里来、往哪里去”的。中国特色社会主义是从哪里来？这要从世界社会主义思想的源头进行考察，从中国特色社会主义的历史发展讲起。也就是说，在革命、建设、改革中，中国共产党是怎样经过反复对比、艰辛探索，最终选择了马克思主义理论、选择了社会主义道路的；是怎样把马克思主义基本原理同中国实际和时代特征结合起来，独立自主探索走出中国道路的；是怎样付出各种代价，历经千辛万苦，开拓了中国特色社会主义的。

1《习近平总书记系列讲话精神学习读本》，人民出版社 2013 年版，第 106 页。

以大历史观来阐析中国特色社会主义，我们可以得出以下两条铁一般的结论。一是科学社会主义基本原则不能丢，丢了就不是社会主义，中国特色社会主义不是其他什么主义，是社会主义。二是世界社会主义500年发展历史，尤其是党的十一届三中全会以来的历史有力证明：中国特色社会主义，一方面坚持了科学社会主义基本原则，另一方面根据时代条件、具体实践赋予其中国特色。

从鸦片战争到19世纪末，中国处于外部列强入侵、国内矛盾激化的境况中，在中国延续了几千年的封建社会制度风雨飘摇。1911年在内外矛盾的交集下爆发的辛亥革命，结束了中国封建社会制度的存在，但未能改变旧中国的社会性质和人民的悲惨境遇。辛亥革命之后，中国人一直在寻找适合中国情况的政治制度。社会各种力量进行着激烈斗争。君主立宪制、复辟制、议会制、多党制、总统制都想过了、试过了，结果都行不通。这一时期，各种主义和思潮也都进行过尝试，资本主义道路没有走通，改良主义、自由主义……“你方唱罢我登场”，都未能解决中国的前途命运问题。1917年十月革命一声炮响，为我们送来了马克思列宁主义。中国先进分子从马克思列宁主义的科学真理中看到解决中国问题的出路，深刻认识到只有社会主义才能解决中国问题，才是实现民族独立、人民解放和国家富强、人民幸福的唯一正确道路。习近平指出：“一个国家实行什么样的主义，关键要看这个主义能否解决这个国家面临的历史性课题。”[1]用大历史观阐析历史，可以得出这铁一般的结论：只有社会主义

1《习近平谈治国理政》，外文出版社2014年版，第22页。

才能救中国，只有中国特色社会主义才能发展中国。

无论是革命、建设还是改革，都必须从中国的实际出发。当然需要借鉴外国经验，但是绝不能照抄照搬别国经验、别国模式。我们有过这方面深刻教训。过去不能搞全盘苏化，现在也决不搞全盘西化或者其他什么化。值得我们注意的是，“冷战”结束后，不少发展中国家被迫采纳了西方模式，至今人民生活水平低下、社会动荡，党争不断。中国共产党百折不挠，独立自主走自己的路，把马克思主义中国化、时代化，建设中国特色社会主义。我国综合国力显著提高，国际地位不断上升。

树欲静而风不止。自从改革开放以来，特别是东欧剧变之后，国际上唱衰中国的论调，不绝于耳，“中国崩溃论”从没中断。但事实证明，“风景这边独好”，我们人民生活水平日益提高，综合国力与日俱增。如今一些西方学者也开始怀疑西方理论，一种新版的马克思主义理论正在颠覆西方的传统理论。

我们认为，各国人民有权利来选择本国的发展道路。国际上热议的所谓的“中国模式”，就是中国人民在伟大实践中创造出来的中国特色社会主义道路。中国特色社会主义发展是有目共睹的，中国特色社会主义制度必将越来越完善，对世界的影响必将越来越大。

前已论述，曾经流行的几种说法，把中国特色社会主义说成是“国家资本主义”“资本社会主义”“新官僚资本主义”等，这完全是错误的。因为党的十一届三中全会以来，我国的改革开放，是坚持中国特色社会主义理论、中国特色社会主义制度、中国特色社会主义道路和中国特色社会主义文化的改革开放。

（二）马克思、恩格斯对于资本主义社会基本矛盾的揭示并没有过时，“两个必然”理论也没有过时

中国共产党人是彻底的历史唯物主义者，我们坚信“两个必然”，这是社会历史发展不可逆转的总趋势，我们正确把握“两个决不会”，因为前进的道路是曲折的。资本主义的消亡、社会主义的胜利，是一个长期的历史过程。目前，西方发达国家在经济、科技、军事等方面长期占据着优势，资本主义社会还拥有自我调节能力。因此，要充分做好两种社会制度又长期合作又长期斗争的准备。那么，在相当长的时间里，处于初级阶段的社会主义要同资本主义进行合作和斗争，要借鉴其创造的文明成果。我们要有战略定力，纠正超越阶段的错误观念，抵制各种抛弃社会主义的主张。最为重要的是，需要集中精力办好自己的事情，改善人民生活，不断增强综合国力，建设比资本主义具有优越性的社会主义，为我们赢得优势、主动，为未来打下更加坚实的基础。

在大历史观视域下，道路就是党的生命，是关系党的事业兴衰成败的首要问题。毛泽东指出：“革命党是群众的向导，在革命中未有革命党领错了路而革命不失败的。”[1]在长期奋斗中，我们党坚持从国情出发开拓出新民主主义革命道路、社会主义改造和社会主义建设道路、中国特色社会主义道路。凝聚在这其中的走自己的路的坚定决心和独立自主的探索精神，是我们党能够不断从

1《毛泽东选集》第 1 卷，人民出版社 1991 年版，第 3 页。

挫折中奋起、前进的根本原因。只要我们毫不动摇坚持和发展中国特色社会主义，一定会把我国建设成为社会主义现代化强国。

四、运用大历史观总结中国共产党百年历史

据史立论、论从史出。中国化马克思主义党建理论最新成果，是在总结中国共产党百年历史尤其是百年自我革命历史基础上形成的。因此，理解和把握以习近平同志为主要代表的中国共产党人运用大历史观总结的中国共产党百年历史，这有利于我们深刻理解和全面把握中国化马克思主义党建理论最新成果对马列主义党建理论作出的原创性贡献。习近平在中国共产党成立100周年大会上的讲话（简称“七一”重要讲话）和党的十九届六中全会通过的第三个历史决议，是运用大历史观阐析党的百年历史的典范。

“七一”重要讲话和第三个历史决议运用大历史观阐析党的百年历史。“七一”重要讲话虽然不到8000字，第三个历史决议才3万多字，但这是两篇足以载入史册的马克思主义光辉文献，它们不仅是指导党团结带领人民迈向新征程的政治宣言和行动纲领，也是运用大历史观阐析中国共产党百年历史的典范。“七一”重要讲话和第三个历史决议提出了一系列新的重大思想、重大观点、重大论断。主要体现在四个方面。

（一）科学划分了中国共产党百年历史的四个时期，总结了这四个时期取得的伟大成就及其世界历史意义

这两份历史性文献把中国共产党百年历史划分为四个时期：新民主主义革

命时期、社会主义革命和建设时期、改革开放和社会主义现代化建设新时期和中国特色社会主义新时代。这两份历史性文献都论述到了这四个时期发生的党史事件，全面总结了这四个时期取得的伟大成就。指出我国新民主主义革命经历了北伐战争、土地革命战争、抗日战争、解放战争这几个阶段。这两份历史性文献用“浴血奋战、百折不挠，创造了新民主主义革命的伟大成就”来表述第一个时期。用“自力更生、发愤图强，创造了社会主义革命和建设的伟大成就”来表述第二个时期。用“解放思想、锐意进取，创造了改革开放和社会主义现代化建设的伟大成就”来表述第三个时期。用“自信自强、守正创新，统揽伟大斗争、伟大工程、伟大事业、伟大梦想，创造了新时代中国特色社会主义的伟大成就”来表述第四个时期。

这两份历史性文献还用四个“向世界庄严宣告”来充分肯定这四个历史时期取得伟大成就的世界历史意义。新民主主义革命时期的伟大成就向世界庄严宣告：中国人民从此站起来了，中华民族任人宰割、饱受欺凌的时代一去不复返了，中国发展从此开启了新纪元。社会主义革命和建设时期的伟大成就向世界庄严宣告：中国人民不但善于破坏一个旧世界、也善于建设一个新世界，只有社会主义才能救中国，只有社会主义才能发展中国。改革开放和社会主义现代化建设新时期的伟大成就向世界庄严宣告：改革开放是决定当代中国前途命运的关键一招，中国特色社会主义道路是指引中国发展繁荣的正确道路，中国大踏步赶上了时代。中国特色社会主义新时代的伟大成就向世界庄严宣告：中华民族迎来了从站起来、富起来到强起来的伟大飞跃。

（二）全面概括了中国共产党百年宝贵历史经验

善于全面总结历史经验，这是我们党能不断取得胜利的重要法宝。“七一”重要讲话用“九个必须”，第三个历史决议用“十个坚持”全面概括了中国共产党百年创造的宝贵经验。要把“九个必须”和“十个坚持”结合起来，“一体学习理解、一体贯彻落实”，这是我们学懂弄通这两份光辉历史性文献的一把“钥匙”。为什么要一体学习理解、一体贯彻落实，这是因为“九个必须”和“十个坚持”，都是从史论结合上揭示了百年来我们党之所以能够成功的规律，提出了未来我们党能够继续成功的根本要求。需要指出的是：“九个必须”中的每一个“必须”，“十个坚持”中的每一个“坚持”，都包含两层内容：一是讲这条经验在党百年奋斗成功中的作用，二是讲今后党要继续成功应该坚持和发展这条经验。

这“九个必须”和“十个坚持”是这两份历史性文献的核心内容，揭示了我们党为什么能够成功、为什么能够继续成功的深层次原因，具有丰富的思想内涵，是我们党领导的社会革命和自我革命的集中体现和伟大成就，是对三大规律的深化认识，增强了我们迈向新征程和实现第二个百年目标的信心和恒心，我们要倍加珍惜、长期坚持并不断丰富发展这些弥足珍贵的经验。

（三）明确指出了实现第二个百年奋斗目标的前进方向和根本要求

“以史为鉴、开创未来”是贯穿这两份历史性文献的一条红线，也是它们的灵魂。当然，中国共产党人回顾历史是为了把握历史规律，总结历史经验，凝聚力量开拓未来。

“七一”重要讲话明确指出了实现第二个百年奋斗目标的前进方向和根本要求（九个“新的征程上”），也就是用“八个坚持”和“一个牢记”加以概括。这“八个坚持”是：坚持党的全面领导，不断完善党的领导；坚持党的基本理论、基本路线和基本方略；坚持马克思列宁主义和中国化马克思主义尤其是21世纪马克思主义；坚持必须紧紧依靠人民创造历史和全心全意为人民服务的根本宗旨；坚持全面贯彻新时代党的强军思想，贯彻新时代军事战略方针；坚持增强忧患意识、始终居安思危；坚持走和平发展道路，推动建设新型国际关系，推动构建人类命运共同体；坚持大团结大联合，实现一致性和多样性统一。“一个牢记”是：要牢记打铁必须自身硬，增强政治自觉性。

第三个历史决议用“一个牢记”和“三个必须”加以概括。这“一个牢记”是：“全党要牢记中国共产党是什么、要干什么这个根本问题，把握历史发展大势，坚定理想信念，牢记初心使命，始终谦虚谨慎、不骄不躁、艰苦奋斗，从伟大胜利中激发奋进力量，从弯路挫折中吸取历史教训，不为任何风险所惧，不为任何干扰所惑，决不在根本性问题上出现颠覆性错误，以咬定青山不放松的执着奋力实现既定目标，以行百里者半九十的清醒不懈推进中华民族伟大复兴。”这“三个必须”是：“全党必须坚持马克思列宁主义、毛泽东思想、邓小平理论、‘三个代表’重要思想、科学发展观，全面贯彻习近平新时代中国特色社会主义思想，用马克思主义的立场、观点、方法观察时代、把握时代、引领时代，不断深化对共产党执政规律、社会主义建设规律、人类社会发展规律的认识。必须坚持党的基本理论、基本路线、基本方略，增强‘四个意识’，坚定‘四个自信’，做到‘两个维护’，坚持系统观念，统筹推进‘五位一体’总体布局，协调推进‘四个全面’战略布局，立足新发展阶段、贯彻新发展理念、构建新发展格局、推动高质量发展，全面深化改革开放，促进共同富裕，推进科技自立自强，发展全过程人民民主，保证人民当家作主，坚持全面依法治国，坚持社会主义核心价值体系，坚持在发展中保障和改善民生，坚持人与自然和谐共生，统筹发展和安全，加快国防和军队现代化，协同推进人民富裕、国家强盛、中国美丽。

全党必须永远保持同人民群众的血肉联系，站稳人民立场，坚持人民主体地位，尊重人民首创精神，践行以人民为中心的发展思想，维护社会公平正义，着力解决发展不平衡不充分问题和人民群众急难愁盼问题，不断实现好、维护好、发展好最广大人民根本利益，团结带领全国各族人民不断为美好生活而奋斗。

全党必须铭记生于忧患、死于安乐，常怀远虑、居安思危，继续推进新时代党的建设新的伟大工程，坚持全面从严治党，坚定不移推进党风廉政建设和反腐败斗争，勇敢面对党面临的长期执政考验、改革开放考验、市场经济考验、外部环境考验，坚决战胜精神懈怠的危险、能力不足的危险、脱离群众的危险、消极腐败的危险。必须保持越是艰险越向前的英雄气概，敢于斗争、善于斗争，逢山开道、遇水架桥，做到难不住、压不垮，推动中国特色社会主义事业航船劈波斩浪、一往无前。”[1]

（四）阐析了中国共产党的伟大建党精神

“七一”重要讲话首次论述了中国共产党的伟大建党精神：“一百年前，中国共产党的先驱们创建了中国共产党，形成了坚持真理、坚守理想，践行初心、担当使命，不怕牺牲、英勇斗争，对党忠诚、不负人民的伟大建党精神，这是中国共产党的精神之源。”[2]第三个历史决议也写进了这个重要内容。这是党的文献首次提出并阐析伟大建党精神的深刻内涵和重大意义，在党的百年历史上第一次鲜明指出党的革命精神的源头起点。32 个字的伟大建党精神，内涵丰富，既有深厚的历史基础，又有鲜明的时代特征。

“坚持真理、坚守理想”。这 8 个字主要讲理想信念。一个真正的马克思主义政党必定有其坚定的理想信念。中国共产党刚成立时虽然我们没有用理想信念的提法，但是，从党成立之日起就宣示以马克思主义为指导，为实现共产主义社会而奋斗，这是一以贯之的。考察党的二大后通过的党章都有这个规定。坚定理想信念，始终是共产党人安身立命的根本。没有马克思主义信仰、共产主义理想，就没有中国共产党。有了理想信念，我们党就有了政治灵魂，就拥

1《中国共产党第十九届中央委员会第六次全体会议文件汇编》，人民出版社 2021 年版，第 103—105 页。
2　习近平：《在庆祝中国共产党成立 100 周年大会上的讲话》，《党建》2021 年第 7 期。

有了经受住任何考验的精神支柱。中国共产党百年筚路蓝缕、风雨兼程，一路走来，不论条件多么艰苦，不论道路多么坎坷，我们党始终坚信马列主义的真理性、坚信社会主义的光明前景、坚信共产主义的远大目标。

坚持真理、坚守理想，这并不抽象，它生动地体现在每一位优秀共产党员身上。中国共产党的先驱李大钊在觉醒年代的中国就喊出了："试问将来的环球，必是赤旗的世界。"方志敏在生命最后时刻从容写下"我们信仰的主义，乃是宇宙的真理"。今天在拥有9500万名党员的队伍中也有千千万万坚持真理、坚守理想的优秀党员，这是我们事业兴旺发达并最终实现中华民族振兴的根本原因。

"践行初心、担当使命"。这8个字主要讲共产党的性质宗旨。中国共产党领袖在不同时期都对党的性质宗旨作过深刻论述。而为中国人民谋幸福、为中华民族谋复兴，是我们党的初心使命，是对党的性质宗旨的最好表述，因此，践行初心、担当使命是中国共产党永远不变的性质宗旨。

100年来，从石库门到天安门，从兴业路到复兴路，中国共产党为了践行初心和使命，进行斗争、付出努力、做出牺牲。无论是在腥风血雨的革命岁月，还是在热火朝天的建设和改革年代，一代代中国共产党人用感天动地的行动来践行自己的初心使命，团结带领人民战胜一个又一个风险挑战，创造一个又一个人间奇迹。比如，在抗击世纪新冠肺炎疫情时，为了保护人民生命安全，我们为什么必须不惜一切代价，也能够做到不惜一切代价，是因为中国共产党的根本宗旨是全心全意为人民服务，我们的国家是人民当家作主的社会主义国家。不忘初心、牢记使命、永远奋斗，这是中国共产党历经百年而风华正茂、饱经磨难而生生不息，始终保持生机活力的奥秘所在。

“不怕牺牲、英勇斗争”。这 8 个字主要讲共产党人的革命精神，人是要有点精神的，共产党员必须要有革命精神。肩负着人民重托和中华民族复兴使命的中国共产党，要搬掉压在中国人民头上的三座大山、拯救中华民族于水深火热，注定要尝尽艰难困苦，注定要坚持并发扬革命精神。有了这样的革命精神，共产党人才能将个人的生死置之度外，不怕牺牲，排除万难，去争取胜利。

我们决不能认为只有在革命战争年代才需要提倡革命精神，而在建设和改革时期就不需要革命精神了。100 年来，一代又一代中国共产党人忠诚奋斗、无私奉献，涌现出一大批先进模范、英雄人物、革命烈士。这些光荣的先进模范、英雄人物和革命烈士的身上都有着顽强不止的革命精神。因此，无论在革命战争年代，还是在建设和改革时期，都需要有革命精神。100 年来，中国共产党锤炼了不畏强敌、不惧风险、敢于斗争、勇于胜利的革命精神，这是我们党最为鲜明的特质和特点，这是世界上其他任何政党都无可比拟、无法企及的精神高度。

“对党忠诚、不负人民”。这 8 个字主要讲共产党人的政治品质。对党忠诚，是共产党人特有的高贵政治品质。100 年来，我们党经历了数不尽的艰难困苦，困难没能压垮我们，敌人没能打倒我们，靠的是什么？是千千万万党员对党的忠诚，忠诚融入了一代又一代中国共产党人的精神血脉、政治基因。任何时期，对党员干部而言，我们总是把“对党忠诚”摆在首位。正因为如此，我们党才能跨越百年，历久弥新。忠诚于党，根本上是为了人民。100年来，为了让人民过上好日子，我们党无论面临多大挑战和压力，无论付出多大牺牲和代价，都始终不渝、毫不动摇。为了人民的健康和生命，我们党什么都可以豁出去。中国人民今天的幸福生活有力佐证了：中国共产党没有辜负人民的选择、没有辜负人民的重托。

结束语

本书概括了中国化马克思主义党建理论及其最新成果的理论基石即马克思、恩格斯建党学说和列宁新型无产阶级政党理论，回顾了中国共产党人一百年来推进党的建设的伟大工程的历史，论述了新民主主义革命时期、社会主义革命和建设时期、改革开放和社会主义现代化建设新时期、中国特色社会主义新时代的党的建设，论述了我们党在总结百年自我革命历史经验和借鉴其他社会主义国家兴衰成败经验教训的基础上，形成的中国化马克思主义党建理论的基本内容即六个方面，着重从五个方面阐析了习近平新时代中国特色社会主义思想中的党建理论的逻辑建构和主要内容，并且指出习近平新时代中国特色社会主义思想中的党建理论就是中国化马克思主义党建理论最新成果。在上述基础上，本书着重从理论和实际结合上回答了马克思主义执政党建设的重大课题，即成功找到了跳出历史周期率的道路；从大历史观上阐析党的创新理论和党的百年历史，深入分析了中国化马克思主义党建理论最新成果对马列主义党建理论作出的重大贡献，并且指出这个重大贡献具有 2 个明显特点：一是全方位，即超出了党建理论范围；二是具有原创性。

综上所述，我们可以得出这个规律性结论：中国共产党百年历史，就是一部不断推进马克思主义中国化的历史，就是一部不断推进理论创新、进行理论创造的历史。这个规律性结论在中国化马克思主义党建理论及其最新成果的形成和发展过程中得到了最有力的佐证。“七一”重要讲话和第三个历史决议运用大历史观概括中国共产党百年历史的宝贵经验，“七一”重要讲话是用“九个必须”来表述，其中就有“必须不断推进党的建设新的伟大工程”。“七一”重要讲话指出了实现第二个百年奋斗目标的前进方向和根本要求，即“八个坚持”和“一个牢记”，而这“一个牢记”就是要牢记打铁必须自身硬，增强全面从严治党永远在路上的政治自觉。第三个历史决议是用“十个坚持”来概括，其中第一个就是“坚持党的领导”，第十个就是“坚持自我革命”。

习近平总书记指出：“新中国成立以来特别是改革开放以来，中国发生了深刻变革，置身这一历史巨变之中的中国人更有资格、更有能力揭示这其中所蕴含的历史经验和发展规律，为发展马克思主义作出中国的原创性贡献。要有这样的理论自觉，更要有这样的理论自信。”[1]这段具有方法论意义的论述何其深刻，因此，我们完全可以充满自信地说：中国化马克思主义党建理论及其最新成果为发展马克思主义尤其是马列主义党建理论作出了中国共产党人的原创性贡献。

1 习近平：《深刻认识马克思主义时代意义和现实意义 继续推进马克思主义中国化时代化大众化》，《人民日报》2017年9月30日。

附录
国内外研究中国化马克思主义党建理论简介

中国化马克思主义党建理论虽然是在党的十八大后才提出来的，但是由于它是对革命和建设时期中国共产党自我革命即党的建设伟大工程经验的理论概括，因此，它早就是国内外学者关注和研究的对象，但是，国内外学者的关注点和研究深度是有区别的，不同时期他们关注和研究的重点也是不同的。

一、国外研究中国化马克思主义党建理论简述

国外学者并没有用中国共产党领导的社会革命和自我革命、中国化马克思主义党建理论等概念，从关注和研究的重点看，国外学者对中国共产党的研究可以划分为 2 个时间段：第一个时间段，从中国共产党成立到 20 世纪八九十年代。第一个时间段，国外学者关注和研究的重点是中国共产党为什么能领导中国革命取得胜利、怎么领导中国革命取得胜利。代表人物有：斯诺、费正清、马克·赛尔登、施拉姆等。斯诺在《红星照耀中国》（又名《西行漫记》）中展示了中国共产党人的理想主义情怀和大无畏的革命奋斗精神。《红星照耀中国》（1937 年）是一部反映中国革命的史诗，对中国共产党和中国革命作了客观评价。费正清教授在《中国新史》中把延安的朴素民主与重庆的专制相对

照来描写。马克·赛尔登在《革命中的中国：延安道路》（1971 年）中提出了“延安道路”概念并将其作为中国革命胜利的原因所在。施拉姆介绍了美国势力介入中国革命的相关情况及其由此带来的后果。白修德、贾安娜在《中国的惊雷》（1946 年）中从国民党的腐败无能、中国共产党的顽强斗争的对照角度分析了“国民党必败，共产党必胜”的原因。

第二个时间段，从 20 世纪八九十年代至今。第二个时间段主要是指东欧剧变至今。东欧剧变、苏联解体，这是 20 世纪八九十年代发生在这个世界上的最重大事件。这时期以美国学者福山提出的“社会主义历史终结论”最有代表性。福山在《历史的终结》（1989 年）中提出共产主义体制崩溃了，毛泽东思想也“终结了”。麦克法夸尔曾经提出“中共崩溃论”（20 世纪 80 年代），即中国共产党丧失了威信，中国共产主义体制崩溃了，中共政治体制是一个“脆弱三角形”，特点是极为脆弱。那时还有一些西方学者预测中国也会随苏联、东欧很快接着垮台。

但是 10 年、20 年、30 年过去了，中国不但没有垮，而且还迅速发展。苏东剧变 20 多年后，福山放弃了“社会主义历史终结论”，承认中国和中共在创造自由民主的替代模式。麦克法夸尔认为当今的中国强大了，国家实现了富强，人民实现了富裕，这是中国共产党取得的历史性成就。中国的成功已经使一些学者反思，他们开始肯定“政党政治的中国模式”，青睐“北京共识”，怀疑“华盛顿共识”。这就使国外学者把关注和研究的重点转向中国共产党自身了，所以这个时间段有不少涉及研究中国化马克思主义党建理论的国外学者的研究成果。

以下简述几位对我国我党持较客观公正态度的国外学者的代表人物，他们关于中国共产党及其自我革命的论述，对研究中国化马克思主义党建理论能起他山之石可以攻玉的作用。

1. 关于中国共产党是什么样的政党。在这方面原新加坡国立大学的郑永年教授的看法比较有代表性。他在 2019 年由东方出版社出版的《大趋势——中国下一步》中有较为详细的论述。此书共 16 章，第二章从 6 个方面论述了“作为使命型政党的中国共产党”。他论述了要重新重视研究中国共产党、中国共产党是使命型政党、中国共产党对国家的主导、当代中共的现代性、如何认识中共的“自我革命”和“以党领政”体制的形成。郑永年指出：政党在西方主要是通过计算选票来获取合法性。可见，社会决定了执政党的现代性，而非相反。其中的逻辑很简单，因为选票是社会成员给的，社会性决定了政党的性质。这就是当今西方政党危机的根源。郑永年认为：“随波逐流”使西方政党失去了自己的发展方向。政党不仅失去了自身的凝聚力，失去了整合社会的能力，反而演变为分化社会的政治力量。郑永年指出：在中国，情况是恰恰相反的。中国共产党的合法性是通过确立并实现其使命来实现和获取的。换句话说，中国共产党的合法性来自其是否能够兑现向社会作出的许诺。其中的逻辑也明显，执政党不仅要有使命，更要有能力实现使命。

美国纽约大学政治学与国际法教授熊玠主编的《习近平时代——通往中国梦大战略》，由人类智库出版集团于 2015 年出版。此书共 10 章，熊玠在书中第三章论述了中国共产党是什么样的政党。他指出：作为马克思主义的政党，中共认为（预设）共产党比其他的政党更优秀，它承担着崇高的历史使命，能最充分地代表民众的利益，能洞察社会历史发展规律。熊玠还指出：马克思主义政党的先锋队逻辑与中国传统儒家的士大夫政治逻辑在一种程度上有契合之处，它们都强调要由一个优秀的团队肩负起领导责任，带领民众建立一个更加完善的秩序，这也是马克思主义在现代中国的意识形态竞争中能取得胜利的重要原因。

美国华盛顿大学政治科学与国际关系教授沈大伟所著的《中国共产党：收缩与调适》，由中央编译出版社于 2011 年出版。该书也谈到了中国共产党是什么样的政党。该书探讨了“当其他共产主义政党纷纷下台时，为什么中国共产党能继续执政？中国共产党从这些共产主义政党国家的失败和其他执政党体制（包括现存的共产主义国家、一党威权主义国家、多党制和社会民主主义制度）中汲取了哪些经验教训呢？中国共产党如何认识自身的现状？如何把这种自我认识与对其他政治体制的研究相结合？ 1989 年以来，中国共产党如何运用这些经验教训？中国共产党能否继续维持执政地位？”沈大伟从“保持共产党员先进性”“加强党的建设”和“领导集体的更替”这三个方面进行了论述。

2. 关于中国共产党的自我革命。党的十八大后，我们党重提自我革命引起国外学者的关注和评述。郑永年从四个方面评述了中国共产党的自我革命。一是中共自我革命党的十八大以来就已经发生了，党的十九大后在这个基础上进一步展开。二是对中共提出的自我革命的内涵的理解，要重视正式政治文本和非正式政治文本的解读。正式政治文本是指十九大报告和党章，非正式政治文本是指主流媒体发表的文章。三是要重视中共十八大以来显性的和隐性的制度变化。显性的变化是指直接的制度变化，如设立中共依法治国领导小组和国家监察委员会。四是中共自我革命的逻辑结果，就是对未来的展望。郑永年认为，中共自我革命所释放出来的最为重要的信息便是中共对自身现代性的重新界定。经过自我革命，中共将是一个新的政党，或者说是一个新时期政党。郑永年还认为，如果不理解中共的现代化和现代性就很难理解其他方面的现代化和现代性。一个最重要的事实是：中共是中国的政治主体，唯一的执政党。所以讨论中国的现代化就必须首先讨论中共的现代化。

熊玠在其主编的《习近平时代——通往中国梦大战略》的第三章论述了打铁还需自身硬：中共的自我革新。他从中共的领导力从哪里来等三方面论述了这个问题。一是自我革新，二是制度安排，三是群众路线，从而使国家、社会围绕着政党这个核心运转，这就是中共的领导力的源泉。熊玠还提出一个重要观点：学习型政党，这是中国共产党自我革新的引擎。他认为虽然问题重重，但是中国共产党具有适应性。适应性从哪里来呢？熊玠认为一个重要的原因就是学习。尽管学习是中共悠久传统，但是从邓小平时代开始，这样的学习有了新的内容，如向国外学习，向现代科技与管理学习。他还阐述了中共建立起了以三个层次学习机构为主的学习制度体系。一是全国各级党政领导班子的中心组学习制度，二是全国各级党校和行政学院系统，三是高校系统。熊玠得出结论：常规而系统的学习使得中国共产党能够不断提高执政水准和执政能力。

沈大伟认为，西方一些人把中共执政的合法性归结为“依靠经济增长和民族主义”，这是片面的。中共是通过满足国内不同阶层的需求来不断获得执政的合法性的。沈大伟的结论是：尽管中共清醒地认识到失去执政地位的可能性是存在的，但是它的领导人和干部也确信，只要进行自我反省，调整和实施具有先见之明的政策和改革，就可以避免灭亡的命运。

3. 关于反腐败。党的十八大以来的反腐败举世瞩目，取得的胜利足以载入史册。这自然也引起国外学者的关注和评论。由于立场不同、角度不同、方法不同，再加上国外学者掌握的资料有限，他们对中共反腐败的评述可谓五花八门，从总体上看，评价是相当正面的，但是带有共性的问题是把反腐败完全等同于党的建设。

熊玠对中共十八大以来的反腐败评价很高，他的结论是“我们有理由相信，中共一定能还老百姓一片洁净的天空”。熊玠叙述了中共十八大前存在的严重腐败，他认为腐败的严重性在于大老虎和小老虎已经结成一张张巨大的利益之网。因此，大案、要案、窝案等频出。熊玠很欣赏中共对腐败采取的零容忍的态度和“打虎上不封顶，拍蝇下无死角”的口号，以及从以前的运动反腐败到现在的制度反腐败。

关于中共制度反腐败引起西方学者重视。美国克莱蒙特·麦坎纳学院裴敏欣教授认为，中共十八大以来打击党内和国内反腐败的决心得到了公众极大支持。要使这场反腐败运动持续下去，必须防止反腐败成本越来越高而效果越来越小，这就提出了制度反腐败问题。

郑永年在他的《大趋势——中国下一步》书中设专章（第四章），从五个方面论述了中共十八大以来反腐败问题：一是腐败与中国的历史周期率，二是新时期反腐败内涵的新特征，三是官员不作为是最大的政治挑战，四是中国怎样反腐败才会有效，五是中共十九大与反腐制度建设。郑永年对腐败的严重性和反腐败的极端重要性有自己的见解。他在书中说，中共十八大以来，中国最引人注目的莫过于反腐败运动的持续展开了。这场反腐败运动在广度方面是前所未有的、在深度方面是前所未有的、在高度方面是前所未有的。2015 年 3 月 22 日，他在接受《人民日报》海外版的采访时指出，中国当下的反腐败可能是一个不可多得的关键和机遇，否则将会步以前的俄罗斯，或者是今天的乌克兰的后尘。郑永年在这本书中把反腐败与中共能跳出历史周期率联系起来进行考察，应该说这是有见地的。

沈大伟在他所著的《中国共产党：收缩与调适》中也谈到了中共反腐败问题。他指出腐败是中国共产党和中国社会面临的主要挑战之一，因为它已经渗入中国共产党和中国社会中。中国共产党把这个问题视为党“生死攸关”的问题。毫无疑问，中国共产党的领导人知道，国民党在20世纪30年代和40年代之所以在中国大陆失败，90年代之所以在台湾下台，腐败是重要的原因之一。同时，他们也注意到腐败在东欧剧变中所扮演的角色。沈大伟充分肯定了中共中央纪律检查委员会在反腐败中的重要作用，认为它是中国共产党党内负责维护党纪法规、查处党内腐败的主要组织机构。

2013年12月，美国著名学者约瑟夫·奈在中国人民大学演讲时提出一种观点："反腐败就是增加中共的软实力。"近些年来，狄忠蒲等人对进入新世纪以来中国共产党的自身建设进行了深入研究，认为中共是更具适应性和坚韧性的党。

二、国内研究中国化马克思主义党建理论述要

中国化马克思主义党建理论这个命题是党的十八大后正式提出来的。因此，综述对这个问题的研究从宏观时间段上可分为2个时间段，第一个时间段是党的十八大前，第二个时间段是党的十八大后。党的十八大前，一般是提党建理论或党建思想。党的十八大后围绕中国化马克思主义党建理论从各个维度进行研究。对这两个时间段的研究状况简述如下。

第一个时间段：党的十八大前，对中国化马克思主义党建理论研究，从宏观上看，主要围绕着对毛泽东思想、邓小平理论、"三个代表"重要思想和科学发展观等理论体系中的党建思想进行研究。

关于毛泽东党建理论。学者们纷纷探讨了其哲学基础、历史发展、基本内容及其历史贡献。学者们普遍认为作风建设、思想建党是毛泽东党建理论的重要内容和主要特色。有学者从中国共产党如何跳出历史周期率的角度，认为党的十八大后习近平总书记关于历史周期率的论述，是在新的历史条件下，对毛泽东党建理论的坚持和发展。习近平总书记认为要解决长期执政的问题必须重视思想建党、制度治党。

关于邓小平党建理论。学者们普遍认为邓小平党建理论是在总结社会主义国家马克思主义执政党建设的经验教训基础之上形成的。重视制度建设、进行反倾向斗争、抓干部队伍建设是邓小平党建理论的重要内容和主要特色。邓小平党建理论富有时代特征的鲜明特点。我们要继续推进改革开放，推进中国特色社会主义事业，实现我国现代化目标，就需要进一步加强党的自身建设和党对社会主义事业的坚强领导，这是邓小平党建理论的精髓。建设一个什么样的党、怎样建设党，是邓小平首先提出来的。邓小平党建理论是一个完整的科学体系，是邓小平理论的重要组成部分，在邓小平理论中占有重要地位。

关于江泽民党建理论。很多学者指出，“三个代表”重要思想，首先是着眼于加强党的建设的，后来扩展到指导各个方面的建设，党的十六大把“三个代表”重要思想确立为党的指导思想，实现了党的指导思想的与时俱进。“三个代表”（三句话）高度精炼地概括了党的先进性并且进一步拓展了党的先进性。“三个代表”重要思想进一步回答了建设一个什么样的党、怎样建设党。

关于胡锦涛党建理论。多数学者指出强调保持党的纯洁性，提高党的执政能力是胡锦涛党建理论的重要内容和鲜明特点。党的十六大把“三个代表”重要思想确立为党的指导思想，为党的先进性和纯洁性建设奠定了坚实理论基础，通过加强执政能力建设，把“三个代表”重要思想落到实处。开展保持共产党员先进性教育活动，是这时期加强党的建设的重点。

这一时期我国理论界高度重视对党的建设尤其是先进性建设理论的研究，并取得了许多重要的研究成果。代表作有：卢先福、赵云献主编：《马克思主义党的学说史纲》（中共中央党校出版社，1999 年）、《马克思恩格斯列宁斯大林毛泽东邓小平江泽民论工人阶级政党的先进性》（人民出版社，2003 年）、《毛泽东邓小平江泽民论党的建设》（中央文献出版社、中共中央党校出版社，1998 年），等等。总的来看，学术界对这个问题的研究日渐深化，并在这个基础上出现了多方面研究上的突破。

第二个时间段：党的十八大后，习近平提出要研究中国化马克思主义党建理论这个重大命题之后，我国理论界对这个命题的研究逐步升温，截至目前，这方面研究取得重大的阶段性的成果。考察这几年对这个命题的研究有这两个特点。一是比较集中，学者们对这个命题的研究逐步集中到研究中国化马克思主义党建理论最新成果，即习近平新时代中国特色社会主义思想中的党建理论。二是比较深入，学者们的研究已深入到中国化马克思主义党建理论最新成果的内部，深入到对这一理论的原创性成果和基本问题的研究，这方面的研究成果逐步多了起来，但是，有分量的研究中国化马克思主义党建理论的代表作不多。本述要从以下几个基本问题的角度对这些研究加以综述。

1. 关于中国化马克思主义党建理论的内涵。这是首先要弄清楚的也是讨论得最活跃的问题。在研究这个命题的初期，有研究者提出中国化马克思主义党建理论就是习近平党建思想。还有学者认为，中国化马克思主义党建理论还应包括毛泽东、邓小平、江泽民和胡锦涛的党建思想，习近平党建思想是中国化马克思主义党建理论最新成果。

随着研究的深入，逐渐形成大致共识，体现在全国党建研究会编著的教材《中国化的马克思主义党建理论体系概论》（简称《概论》），党建读物出版社2021年出版。《概论》指出：中国化的马克思主义党建理论体系的内容包括毛泽东思想中的党建理论、邓小平理论中的党建理论、“三个代表”重要思想中的党建理论、科学发展观中的党建理论和习近平新时代中国特色社会主义思想中的党建理论。而习近平新时代中国特色社会主义思想中的党建理论则是中国化的马克思主义党建理论体系的最新成果。

有研究者指出，中国化马克思主义党建理论的内涵还应包括它要研究的基本问题是什么。比较一致的看法就是为什么建设党、建设一个什么样的党和怎样建设党。这也是毛泽东思想、邓小平理论、“三个代表”重要思想和科学发展观中的党建理论所要研究的一个基本问题，从而把五大指导思想中的党建理论有机衔接起来，这从一个重要维度说明中国共产党的指导思想是一脉相传、与时俱进的。

2. 关于党的性质和宗旨。有学者认为，对党的性质和宗旨的认识要从新时代的高度加以推进和阐述，可以说是习近平新时代中国特色社会主义思想中的党建理论的亮点之一。虽然我们党的历届领导集体的核心对中国共产党的性质和宗旨都作过表述，但是在不同历史条件下对其论述是不同的。习近平站在新时代的高度，在总结我们党长期历史经验的基础上用“不忘初心、牢记使命”来对党的性质和宗旨作出新概括，明确指出要为中国人民谋幸福，为中华民族谋复兴，这就是中国共产党人的初心使命。

很多学者指出，习近平对中国化马克思主义党建理论的贡献不仅仅体现在对党的性质和宗旨作出新时代的概括中，也体现在党的十八大以来全面从严治党的伟大实践中，党的十九大以来，在全党开展了为期一年的“不忘初心、牢记使命”的主题教育活动。习近平作了重要讲话，使这次全党主题教育活动取得了预期效果。有学者指出，习近平在“不忘初心、牢记使命”的主题教育的动员大会和总结大会上的两次讲话，是中国化马克思主义党建理论最具代表性的文献。

还有学者指出，习近平的“七一”重要讲话中对党的性质和宗旨又有新的表述：中国共产党没有任何自己特殊的利益，从来不代表任何利益集团、任何权势团体、任何特权阶层的利益（“四个任何”）。党的十九届六中全会把这些认识成果写进《中共中央关于党的百年奋斗重大成就和历史经验的决议》（简称第三个历史决议）。

3. 关于党的政治建设。重视加强党的政治建设，这是习近平新时代中国特色社会主义思想中的党建理论的又一亮点。

有研究者指出，党的十八大前，我们讲党的建设是指五大建设：思想建设、组织建设、作风建设、制度建设和反腐倡廉建设。党的十八大后，我们提出了党的建设总要求，增加了政治建设和纪律建设，而且政治建设是打头的，同时指出政治建设是党的根本性建设。

有学者指出，不能因为我们党在“文化大革命”中犯了搞“空头政治”的错误而讳言讲政治。政治性是马克思主义政党的根本属性，因此要理直气壮地推进党的政治建设。这是因为政治建设决定党的建设的方向和效果，是坚持党的全面领导、实现党的历史使命的根本保障，是伟大自我革命的最重要内容。

多数学者认为，党的政治建设应包括坚定政治信仰，制定和坚持正确的政治路线，坚持党的政治领导，提高党的政治能力和净化党内政治生态。党的政治建设是永恒课题，因而加强党的政治建设的途径和方法就显得极为重要，绝不是可有可无的。加强党的政治建设的途径和方法主要有：切实把政治建设摆在首位，提高政治站位。遵循政治建设规律，准确把握政治建设总体要求。加强思想政治教育，努力增强“四个意识”。党的政治生活要充分体现政治性、原则性、时代性、战斗性，要充分发挥各级领导机关和领导干部的示范引领作用，要建立健全加强政治建设的长效机制。

有学者指出，在党的历史上习近平关于加强党的全面领导的论述最多，最具针对性。这是党的政治建设的最重要内容。

4. 关于思想建党、理论强党。有研究者指出，思想建党、理论强党是习近平对中国共产党百年来自我革命经验所作的高屋建瓴的总结，这也是习近平新时代中国特色社会主义思想中的党建理论的基本问题，要加以重点研究。

有学者指出，以前研究党建理论总是单独讲党的思想建设（思想建党），这不能说错，但这是不全面的，应该把思想建党、理论强党结合起来。这是因为思想建党、理论强党是总结我们党百年来党的建设历史经验得出的结论，在党的建设总布局中发挥着重要的基础性的作用，正因为如此，思想建党、理论强党才成为习近平新时代中国特色社会主义思想中的党建理论的基本问题。

许多学者认为，思想建党、理论强党的内涵极为丰富而且十分重要。它包括要用马克思主义及其中国化成果武装全党，用习近平新时代中国特色社会主义思想武装全党；坚定理想信念。社会主义信念、共产主义理想是共产党的立命安身之本，是思想建党、理论强党的首要任务；要使所有的共产党员都树立起正确的价值观、世界观和人生观（“三观”），共产党的立命安身之本是由全体党员来铸就的，因此，共产党员的“三观”是很重要的，树立“三观”是思想建党、理论强党的重要任务；要不断推进马克思主义中国化，这既是中国共产党百年来取得的重要经验，又是百年大党风华正茂的奥秘，因而也是思想建党、理论强党的根本要求。

多数学者都赞成：坚持马克思主义在意识形态领域的指导地位，开展马克思主义学习教育，加强理论探索和研究，创造鼓励支持理论创新的舆论氛围和体制机制等，这是加强思想建党、理论强党的主要途径和有效方法。

5. 关于中国共产党与世界。有研究者认为，党的十八大以来，中国共产党与世界的关系在理论上有创新，在实践中有突破。这是习近平新时代中国特色社会主义思想中的党建理论又一鲜明的亮点。说理论上有创新，是指党的十八大以来，以习近平同志为核心的党中央坚持和发展了马克思主义政党关系学说，在政党与世界关系上提出了一系列新理念新思想新战略。在实践中继承和发展了党的十一届三中全会以来所恢复的政党外交，坚持党际关系的四项原则，开拓了政党与世界关系的新境界。

有学者认为，政党外交是中国化马克思主义党建理论的重要内容。政党外交有利于开展对外交往与合作和广交朋友争取更多支持。政党外交有利于促进国家关系的健康发展，政党外交有利于顺应当今世界和平与发展这个时代潮流。

不少学者重点研究了党的十八大以来在政党外交上的突破。党的十八大以来，以习近平同志为主要代表的中国共产党人，在政党外交上提出了新思想，作出新部署。提出要使政党外交成为促进我国对外关系发展的重要途径，成为展示党的良好国际形象的重要窗口，成为党员领导干部观察和研究世界的重要平台，成为借鉴国外经验、为中央决策服务的重要渠道（“四个重要”）。还提出要切实抓政党、抓调研、抓人脉、抓形象，努力打造政党外交、公共外交、民间外交有机结合的工作布局，不断扩展中国在世界上可亲可敬可爱的形象。

还有些学者研究了党的十八大以来，政党与世界关系理论的创新。以习近平同志为主要代表的中国共产党人提出：中国共产党是为中国人民谋幸福，也是为人类进步事业而奋斗的党，这是重大的理论创新。其立论依据有三：一是为人类进步事业而奋斗是由马克思主义政党的性质决定的，这也是中国共产党人的不懈追求。二是中国共产党领导中国人民进行革命、建设和改革，为全人类进步事业提供了中国智慧、中国方案。三是中国共产党提出构建人类命运共同体，为推动人类进步事业作出了新贡献。

有些学者还提出，当今时代对中国共产党人统筹国际国内两个大局的能力提出了新挑战新要求，即要用马克思主义理论观察世界、研究世界、分析世界，要树立世界眼光，把握时代脉搏，要着力提高统筹国际国内两个大局的能力。

6. 关于中国化马克思主义党建理论代表作。前已论述，虽然党的十八大后研究中国化马克思主义党建理论逐步升温，这方面的论文、文章多起来了。但是，客观地说，有分量的研究中国化马克思主义党建理论代表作不多，但是，由党建读物出版社 2021 年出版的《中国化的马克思主义党建理论体系概论》（简称《概论》），是由全国党建研究会组织编写的国内第一部全面研究中国化马克思主义党建理论代表作。说《概论》“全面”有两层意思。一是指此书的内容比较全面。此书由绪论、正文五编、二十一章、结束语构成。第一编：理论渊源和发展历程，第二编：建设什么样的党，第三编：怎样建设党，第四编：坚持和完整党的领导，第五编：中国共产党与世界。二是指全国党建研究会组织国内研究党建理论的众多专家学者（撰稿者多达46人）来编写此书，应该说《概论》一定程度上体现了当前我国理论界研究中国化马克思主义党建理论的水平。当然，从总体上看，《概论》是学习宣传中国化马克思主义党建理论及其最新成果的重要教材，我们期盼并相信会有越来越多的研究专著与读者见面。

他山之石，可以攻玉。笔者花较多精力搜集了国内外对中国化马克思主义党建理论研究的成果，这就为本书写作提供了较好的前提条件。国外的研究，从总体上看，虽然视野不广、研究不深，但能开阔笔者的眼界，了解他们在这方面关注什么，有哪些基本观点。这对我们宣传研究中国化马克思主义党建理论，做到坚持党的立场，采用国际表达是很有帮助的。

国内的研究，在研究中国化马克思主义党建理论方面的深度和广度要大大超过国外的研究，这些都是笔者在撰写本书时要认真学习和吸收借鉴的。但是，应该看到，国内在这方面的研究由于时间不长，研究成果从量上看，是有限的。表现为宣传性文章多，研究性的论文少，专著就更少了。从质上看，对中国化马克思主义党建理论的研究在深度和广度上是不能适应当前全党全国对习近平新时代中国特色社会主义思想的学习和研究需求的，尤其是对习近平新时代中国特色社会主义思想中党建理论原创性贡献的研究，还是很不够的。

这也为笔者写好本书明确了方向、提供了动力。当然，写好中国化马克思主义党建理论最新成果这样一篇“大文章”，仅靠一些人或几十个人是难以完成的，要靠我国理论界同行共同努力，这也是笔者将书名以“简论”称之的重要原因。

参考文献

一、著作

《马克思恩格斯文集》（1—10 卷），人民出版社 2009 年版。

《马克思恩格斯选集》（1—4 卷），人民出版社 2012 年版。

《列宁选集》（1—4 卷），人民出版社 2012 年版。

《列宁全集》（1—60 卷），中文第二版，人民出版社。

《三中全会以来重要文献选编》（上、下），人民出版社 1982 年版。

《十二大以来重要文献选编》（上、中、下），人民出版社 1986 年版。

《十三大以来重要文献选编》（上、中、下），人民出版社 1991、1992、1993 年版。

《十四大以来重要文献选编》（上、中、下），人民出版社 1996、1997、1999 年版。

《十五大以来重要文献选编》（上、中、下），人民出版社 2000、2001、2003 年版。

《十六大以来重要文献选编》（上、中、下），中央文献出版社 2005、2006、2008 年版。

《十七大以来重要文献选编》（上、中、下），中央文献出版社 2009、2011、2013 年版。

《十八大以来重要文献选编》（上、中、下），中央文献出版社 2014、2016、2018 年版。

《十九大以来重要文献选编》（上、中），中央文献出版社 2019、2021 年版。

《毛泽东选集》（1—4 卷），人民出版社 1991 年版。

《毛泽东传（1893—1949）》，金冲及主编，中央文献出版社 1996 年版。

《毛泽东传（1949—1976）》，逄先知、金冲及主编，中央文献出版社 2003 年版。

《邓小平文选》（第 1 卷、第 2 卷、第 3 卷），人民出版社 1994、1993、1994 年版。

《江泽民文选》（1—3 卷），人民出版社 2006 年版。

《胡锦涛文选》（1—3 卷），人民出版社 2016 年版。

《习近平谈治国理政》（第1卷、第2卷、第3卷），外文出版社2018、2017、2020年版。

《习近平新时代中国特色社会主义思想学习纲要》，中共中央宣传部，学习出版社、人民出版社 2019 年版。

《习近平新时代中国特色社会主义思想三十讲》，中共中央宣传部，学习出版社 2018 年版。

《习近平新时代中国特色社会主义思想学习问答》，中共中央宣传部，学习出版社、人民出版社 2021 年版。

《论中国共产党历史》，习近平著，中央文献出版社 2021 年版。

《中国共产党党的建设基本问题研究》，欧阳淞著，人民出版社 2021 年版。

《马克思的政党观》，刘先江、韩景云著，解放军出版社 2014 年版。

《恩格斯的政党观》，周仲秋、钟义凡著，解放军出版社 2014 年版。

《列宁的政党观》，肖光荣著，解放军出版社 2014 年版。

《斯大林的政党观》，陈晓红著，解放军出版社 2014 年版。

《毛泽东的政党观》，蒋国海著，解放军出版社 2014 年版。

《邓小平的政党观》，张润泽著，解放军出版社 2014 年版。

《江泽民执政党建设思想研究》，杨德山著，上海人民出版社 2007 年版。

《马克思恩格斯列宁斯大林毛泽东邓小平江泽民论工人阶级政党的先进性》，中国社会科学院马克思列宁主义毛泽东思想研究所编，人民出版社 2003 年版。

《毛泽东邓小平江泽民论党的建设》，中共中央文献研究室编，中央文献出版社、中共中央党校出版社 1998 年版。

《中国共产党历史》（第 1、2 卷），中共中央党史研究室著，中共党史出版社 2011 年版。

《科学社会主义概论》（第二版），《科学社会主义概论》编写组，人民出版社、高等教育出版社 2020 年版。

《国际共产主义运动史》（第二版），《国际共产主义运动史》编写组，人民出版社、高等教育出版社 2020 年版。

《科学社会主义教程》，赵曜主编，中共中央党校出版社 2004 年版。

《高放自选集》，高放著，中国人民大学出版社 2007 年版。

《严书翰自选集》（第 1 卷、第 2 卷、第 3 卷），严书翰著，福建人民出版社 2006 年版、学习出版社 2010 年版，中共中央党校出版社 2015 年版。

《中国特色社会主义史论研究》（前沿问题卷），严书翰主编，中共中央党校出版社 2012 年版。

《马克思主义经典著作导读》（第 1 卷、第 2 卷、第 3 卷），杨春贵主编，中共中央党校出版社 2017 年版。

《政治的逻辑：马克思主义政治学方法论》，王沪宁著，上海人民出版社 1994 年版。

《中国新时代》，辛向阳著，中国人民大学出版社 2020 年版。

《中国特色社会主义新时代》，辛向阳著，人民日报出版社 2020 年版。

《马克思主义方法论研究》，辛向阳著，中国社会科学出版社 2021 年版。

《马克思主义民主集中制思想与当代中国政治发展》，辛向阳著，中国社会科学出版社 2015 年版。

《中国共产党简史》，本书编写组，人民出版社、中共党史出版社 2021 年版。

《优秀调研成果选编》，全国党建研究会主编，中央文献出版社 2019 年版。

《中国化的马克思主义党建理论体系概论》，全国党建研究会主编，党建读物出版社 2021 年版。

《列宁思想和著作研读札记》，刘志明著，广西师范大学出版社 2021 年版。

《列宁社会主义建设理论与实践研究》，刘志明著，经济科学出版社 2013 年版。

《当代世界社会主义前沿问题》，胡振良、常欣欣主编，中共中央党校出版社 2011 年版。

《中国特色社会主义史论研究》（科学体系卷），胡振良主编，中共中央党校出版社 2012 年版。

《我们的自信：大道之行的骨气与底气》，陈曙光著，时代华语 2019 年版。

《中国话语：说什么？怎么说？》，陈曙光著，湖北人民出版社 2017 年版。

《两种新自由主义与国际金融危机》，杨玉成著，中国社会科学出版社，2018 年版。

《毛泽东邓小平江泽民胡锦涛关于中国共产党历史论述摘编》，中共中央党史和文献研究院编，中央文献出版社 2021 年版。

《社会主义发展史纲》，叶庆丰、白平浩主编，中共中央党校出版社 2020 年版。

《习近平时代——通往中国梦大战略》，[美]熊玠主编，美国时代出版公司2015年版。

《大趋势——中国下一步》，[新]郑永年著，东方出版社 2019 年版。

《中国共产党：收缩与调适》，[美]沈大伟著，中央编译出版社 2011 年版。

《马克思为什么是对的》，[英]特里·伊格尔顿著，新星出版社 2011 年版。

二、期刊论文

韩久根：《马克思主义党建理论中国化的新成果——学习领会习近平总书记关于执政党建设的论述》，《当代世界与社会主义》2018 年第 5 期。

刘先春、王小鹏：《全面从严治党是马克思主义中国化党建理论的最新成果》，《思想理论教育导刊》2017 年第 6 期。

韩振峰：《中国化马克思主义党建理论的新成果》，《大连干部学刊》2008 年第 1 期。

肖贵清：《毛泽东党建思想是中国化马克思主义党建理论的开篇之作》，《毛泽东研究》2021 年第 5 期。

仇文利、潘锦全：《中国化马克思主义党建理论体系建构的逻辑进路》，《学习论坛》2020 年第 8 期。

刘锋：《中国化马克思主义党建理论体系的三维解读》，《湖北行政学院学报》2020 年第 2 期。

王小鹏:《中国化的马克思主义党建理论概念溯源及演进逻辑》,《中共山西省委党校学报》2020 年第 2 期。

张荣华、宋美桦:《新时代中国化马克思主义党建理论体系:生成逻辑·核心要义·价值意蕴》,《思想政治教育研究》2019 年第 3 期。

宋美桦、张荣华:《改革开放以来中国化马克思主义党建理论体系建设的经验启示》,《齐鲁学刊》2019 年第 1 期。

金民卿:《中国化马克思主义党建理论的重大创新》,《世界社会主义研究》2017 年第 12 期。

刘先春、王小鹏:《中国化马克思主义党建理论体系的建构逻辑》,《马克思主义研究》2017 年第 3 期。

雷蕾、雷厚礼:《习近平对中国化马克思主义党建理论的新发展》,《观察与思考》2017 年第 10 期。

张忠跃、穆艳杰:《全面从严治党背景下中国化的马克思主义党建理论再生产》,《北方论丛》2017 年第 5 期。

李景田:《努力构建中国化的马克思主义党建理论体系——深入学习贯彻习近平总书记党建思想的思考》,《中国经贸导刊》2016 年第 4 期。

朱讯:《"构建中国化马克思主义党建理论体系"研讨会在成都召开》,《党建研究》2017 年第 9 期。

《习近平就全国党建研究会第六次会员代表大会召开作出重要指示强调 深入研究党建理

论和实际问题 为构建中国化的马克思主义党建理论体系作出新的更大贡献》，《党建》2016 年第 2 期。

樊欣：《中国化马克思主义党建理论最新成果论析》，《观察与思考》2021 年第 4 期。

樊欣：《列宁对建构马克思主义意识形态理论的贡献及其当代价值》，《理论视野》2020 年第 5 期。

樊欣：《列宁党的政治建设思想与中国共产党的自我革命》，《中国井冈山干部学院学报》2020 年第 2 期。

樊欣：《党的指导思想地位制度化的重大意义》，《人民论坛》2020 年第 5 期。

樊欣：《踔厉奋发走好新的赶考之路》，《前线》2022 年第 2 期。

樊欣：《马克思恩格斯建党学说的科学内涵及当代价值》，《中国井冈山干部学院学报》2021 年第 6 期。

樊欣：《列宁论党内民主内涵、特点与功能》，《科学社会主义》2014 年第 5 期。

樊欣：《列宁党内监察思想——以党内监察推进党内民主建设的启示》，《科学社会主义》2011 年第 4 期。

樊欣：《列宁党内监察思想中的权力制约分析范式研究》，《社会科学战线》2011 年第 10 期。

樊欣：《列宁的名字永远与十月革命胜利联系在一起》，《理论探索》2017 年第 5 期。

樊欣：《中国共产党人百年来跳出历史周期率的探索及其重大意义》，《天津师范大学学报（社会科学版）》2022 年第 3 期。

樊欣:《坚持党的全面领导的首要原则》,《中国社会科学报》2021 年 6 月 17 日。

樊欣:《深刻把握“七一”重要讲话中的若干重大论断》,《观察与思考》2022 年第 4 期。

樊欣:《社会主义与消除贫困——析打赢脱贫攻坚战的重大意义》,《科学社会主义》2021 年第 5 期。

樊欣:《中华民族共同体意识下我国提升民族参与治理能力研究》,《黑龙江民族丛刊》2021 年第 4 期。

樊欣:《论中华民族共同体意识的三重内涵》,《黑龙江民族丛刊》2020 年第 6 期。

樊欣:《论中国特色社会主义政治制度的合法性优越性》,《科学社会主义》2019 年第 5 期。

樊欣:《民族政治学视阈下的列宁民族解放运动思想》,《黑龙江民族丛刊》2019 年第 6 期。

樊欣:《我国改革开放成功的宝贵经验——析改革理论和改革实践探索的良性互动》,《科学社会主义》2018 年第 6 期。